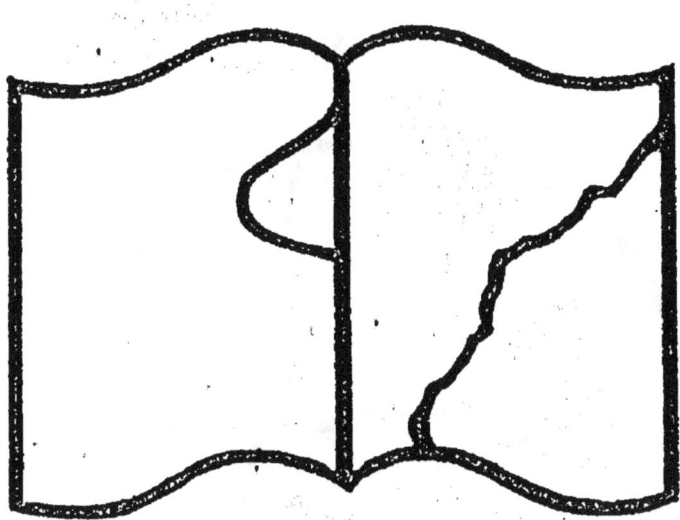

COUVERTURES SUPERIEURE ET INFERIEURE
DETERIOREES

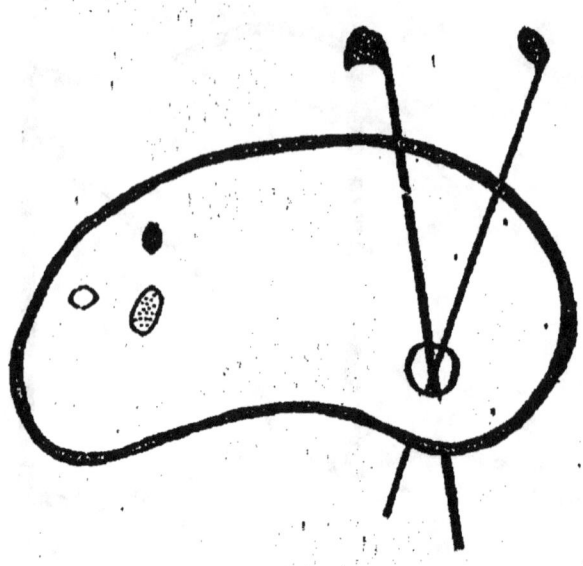

DEBUT D'UNE SERIE DE DOCUMENTS
EN COULEUR

SCIENCE ET RELIGION
Études pour le temps présent

LE MAL

SA NATURE, SON ORIGINE, SA RÉPARATION.

Aperçu philosophique et religieux

PAR

l'abbé M. CONSTANT

Docteur en Théologie,
Lauréat de l'Institut catholique de Paris.

> La question du mal sera toujours le désespoir des rationalistes, mais le chrétien parvient facilement à en donner une solution satisfaisante.

PARIS
LIBRAIRIE BLOUD ET BARRAL
4, RUE MADAME, ET RUE DE RENNES, 59
1898

SCIENCE ET RELIGION
Études pour le temps présent

Collection de vol. in-12 de 64 pages compactes.
Prix : O fr. 60 le vol.

Les lecteurs curieux de grandes vérités de la foi déploraient l'absenc
de vulgarisation de science religieuse. LES ÉTUDES POUR LE TEMP
PRÉSENT répondent donc à un désir et comblent une lacune. Ainsi e
ont jugé unanimement les Revues et les journaux les plus importants d
la presse catholique. De ces nombreux et si flatteurs témoignages nous r
citerons que le suivant, extrait du journal l'Univers, dû à la plume d'u
juge des plus compétents, M. Louis Robert :

« Aujourd'hui, en notre siècle de vapeur, d'électricité, on veut savo
« tout et lire peu, toute la vie est pleine et fiévreuse ! C'est ce qui expliqu
« la vogue de la Revue et du Journal. Cependant ces deux organes de
« pensée moderne sont insuffisants pour embrasser une question dans
« complexité de ses aspects. Le livre est toujours nécessaire ; mais nou
« pensons, à part les moines et le clergé des campagnes, que le respectab
« in-4° et le majestueux in-folio ont fait leur temps pour le grand public
« Il fallait donc condenser en un volume de poche les questions qui tou
« mentent l'âme contemporaine. C'est ce que certains éditeurs ont tr
« heureusement compris, notamment MM. Bloud et Barral, dont les éd
« tions ont déjà tant rendu de services signalés à la cause religieuse.

« Sous le titre de *Science et Religion*, collection de volumes in-12 d
« 64 p. compactes, ils ont entrepris, avec un plein succès, de démontr
« par des plumes des plus autorisées « *l'accord entre les résultats de
« science moderne et les affirmations de la foi.* » Chaque sujet est tr
« té, non plus d'après la méthode apologétique, qui actuellement est su
« pecte aux incrédules, même aux indifférents. C'est avec la plus rigoureu
« méthode scientifique — mais mise à la portée de tous les esprits quelq
« peu cultivés — que sont exposées les *Nouvelles Études philosophiqu
« scientifiques et religieuses* de cette opportune et très intéressante c
« lection.

« Le nom de l'auteur de chacune d'elles est une recommand tion. »
(Journal l'*Univers*.)

Voici une seconde liste des ouvrages parus ou à paraître incessammen

— **L'Apologétique historique au XIX° siècle.** — **La Critique ir
ligieuse de Renan.** (*Les précurseurs — La vie de Jésus — Les adve
saires — Les résultats*) par l'abbé Ch. Denis, directeur des *Anna.
de philosophie chrétienne*. 1 v

— **Nature et Histoire de la liberté de conscience**, par M. l'ab
Canet, docteur en philosophie et ès-lettres de l'Université de Louva
ancien professeur de théologie dogmatique au grand séminaire de Lyo
1 v

— **L'Animal raisonnable et l'Animal tout court**, *étude de psychologie comparée*, par O. DE KIRWAN. 1 vol.

— **La Conception catholique de l'Enfer**, par M. BRÉMOND, docteur en théologie, professeur de dogme au grand séminaire de Digne. 1 vol.

— **L'Église russe**, par J.-L. GONDAL, professeur d'apologétique et d'histoire au grand séminaire Saint-Sulpice. 1 vol.

— **La Fausse Science contemporaine et les Mystères d'Outre-tombe**, par le R. P. Th. ORTOLAN, O. M. I. 1 vol.

— *Du même auteur :* **Vie et Matière ou Matérialisme et Spiritualisme en présence de la Cristallogénie**. 1 vol.

— *Du même auteur :* **Matérialistes et Musiciens**. 1 vol.

— **Le Mal**, sa nature, son origine, sa réparation. *Aperçu philosophique et religieux*, par l'abbé M. CONSTANT, docteur en théologie, lauréat de l'Institut catholique de Paris. 1 vol.

— **Dieu auteur de la vie**, par M. l'abbé THOMAS, vicaire général de Verdun. 1 vol.

— *Du même auteur :* **La Fin du monde d'après la foi et la science**. 1 vol.

— **L'Attitude du catholique devant la Science**, par G. FONSEGRIVE, directeur de la *Quinzaine*. 1 vol.

— *Du même auteur :* **Le Catholicisme et la Religion de l'Esprit**. 1 vol.

— **Du Doute à la Foi**, le besoin, les raisons, les moyens, les devoirs, la possibilité de croire, par le R. P. TOURNEBIZE, S. J. 1 vol.

— **La Synagogue moderne**, sa doctrine et son culte, par A. F. SAUBIN. 1 vol.

— **Évolution et Immutabilité de la doctrine religieuse dans l'Église**, par M. PRUNIER, supérieur du gr. séminaire de Séez. 1 vol.

— **La Religion spirite**, son dogme, sa morale et ses pratiques, par I. BERTRAND. 1 vol.

— **L'Hypnotisme franc et l'Hypnotisme vrai**, par le docteur HÉLOT, auteur de *Névroses et Possessions diaboliques*. 1 vol.

— **Convenance scientifique de l'Incarnation**, par Pierre COURBET, ancien élève de l'École polytechnique. 1 vol.

— **L'Église et le Travail manuel**, par M. l'abbé SABATIÉ, du clergé de Paris, docteur en droit canon. 1 vol.

— **L'Inquisition**, son rôle religieux, politique et social, par G. ROMAIN, auteur de : *L'Église et la Liberté*. 1 vol.

— **Unité de l'espèce humaine** *prouvée par la Similarité des conceptions et des créations de l'homme*, par le marquis de NADAILLAC. 1 vol.

— **Le Socialisme contemporain et la Propriété**. — *Aperçu historique*, par M. Gabriel ARDANT, auteur de la *Question agraire*. 1 vol.

— **Pourquoi le Roman immoral est-il à la mode et pourquoi le Roman moral n'est-il pas à la mode ?** *Étude sociale et littéraire*, par G. d'AZAMBUJA. 1 vol.

Ouvrages précédemment parus.

— **Certitudes scientifiques et Certitudes philosophiques**, par le R. P. DE LA BARRE S. J., professeur à l'Institut catholique de Paris. 1 vol.

— **L'Ame de l'homme**, par J. GUIBERT, supérieur du séminaire de l'Institut catholique de Paris, 1 vol.

— **Faut-il une religion ?** par M. l'abbé GUYOT, ancien professeur de théologie, 1 vol.

— *Du même auteur :* **Pourquoi y a-t-il des hommes qui ne professent aucune religion ?** 1 vol.

— **Nécessité scientifique de l'existence de Dieu**, par P. COLRBET, ancien élève de l'Ecole polytechnique, 2ᵉ édition, 1 vol.

— *Du même auteur :* **Jésus-Christ est Dieu**. 2ᵉ édition. 1 vol.

— **Etudes sur la Pluralité des mondes habités et le dogme de l'Incarnation**, par le R. P. ORTOLAN, docteur en théologie et en droit canonique, lauréat de l'Institut catholique de Paris, membre de l'académie de Saint Raymond de Pennafort, 3 vol.

I. — *L'Epanouissement de la vie organique à travers les plaines de l'infini.* 1 vol.
II. — *Soleils et terres célestes.* 1 vol.
III. — *Les Humanités astrales et l'Incarnation.* 1 vol.

Chaque vol. se vend séparément.

— **L'Au-delà ou la Vie future d'après la foi et la science**, par M. l'abbé J. LAXENAIRE, docteur en théologie, et en droit canon, et de l'académie de Saint Thomas d'Aquin, professeur au grand séminaire de Saint-Dié. 1 vol.

— **Le Mystère de l'Eucharistie. — Aperçu scientifique**, par M. l'abbé CONSTANT, docteur en théologie, lauréat de l'Institut catholique de Paris. 2ᵉ édition, 1 vol.

— **L'Eglise catholique et les Protestants**, par G. ROMAIN auteur de : *L'Eglise et la Liberté et Le Moyen Age fut-il une époque de ténèbres et de servitude ?*

— **Mahomet et son œuvre**, par J. L. GONDAL, professeur d'apologétique et d'histoire au séminaire Saint-Sulpice. 1 vol.

— **Christianisme et Bouddhisme**, (*Etudes orientales*) par M. l'abbé THOMAS, vicaire général de Verdun, 2ᵉ édition. 2 vol.
Première partie : *Le Bouddhisme.*
Deuxième partie : *Le Bouddhisme dans ses rapports avec le christianisme. — Ascétisme oriental et ascétisme chrétien.*

— **Où en est l'Hypnotisme**, son histoire, sa nature et ses dangers par A. JEANNIARD DU DOT, auteur du *Spiritisme dévoilé*. 2ᵉ édit. 1 vol.

— *Du même auteur :* **Où en est le Spiritisme, sa nature et ses dangers**, 2ᵉ édition. 1 vol.

Ouvrages en préparation :

— **Les Lois de la nature et le Miracle**, par le R. P. DE LA BARRE, S. J. professeur à l'Institut catholique de Paris. 1 vol.

— **Des Divergences dogmatiques et disciplinaires entre les Eglises orientales et l'Eglise catholique**, par le R. P. TOURNEBIZE, S. J. 1 vol.

— **L'Homme et le Singe**, par M. le marquis de NADAILLAC. 1 vol.

— **Les Causes et la Suite de la Conversion de Saint Paul**, par M. LÉVESQUE, professeur d'Ecriture Sainte au séminaire St-Sulpice.

Cîteaux. — Imp. Guillermain.

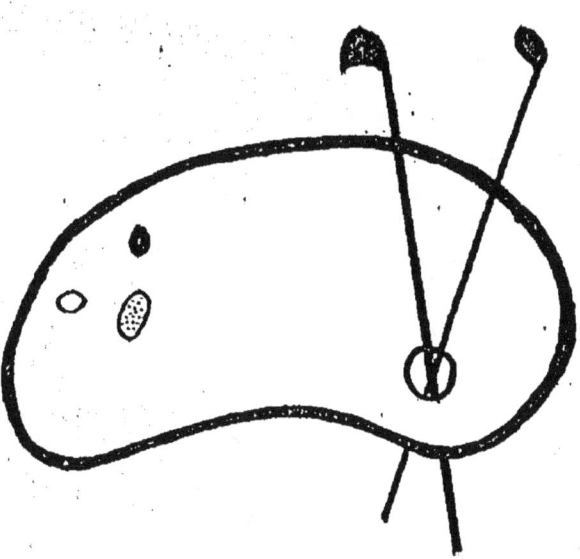

FIN D'UNE SERIE DE DOCUMENTS EN COULEUR

SCIENCE ET RELIGION
Études pour le temps présent

LE MAL

SA NATURE, SON ORIGINE, SA RÉPARATION.

Aperçu philosophique et religieux

PAR

l'Abbé M. CONSTANT

Docteur en Théologie,
Lauréat de l'Institut catholique de Paris.

> La question du mal sera toujours le désespoir des rationalistes, mais le chrétien parvient facilement à en donner une solution satisfaisante.

IMPRIMATUR,

Niciæ, 7 mars 1898.

Giraud, *vic. gén.*

LE MAL.

Il y a longtemps que le problème tout à la fois philosophique et religieux, de l'existence du mal, dans le monde, a préoccupé les esprits les plus sérieux. Si les solutions qu'on en a données ont été si diverses, si incomplètes et quelquefois si fausses, on doit l'attribuer à deux causes principales. La première est le sens multiple, obscur ou équivoque que présentent certains termes de la question; la seconde est l'ignorance ou l'oubli des décisions et des explications qu'a données l'Eglise à ce sujet. Nous nous efforcerons d'éviter ce double écueil en indiquant, le plus clairement possible, la nature du mal, ses diverses espèces, son origine, les moyens que Dieu a pris pour le limiter et le réparer, et enfin son étendue comparée à celle du bien, soit dans le temps, soit dans l'éternité.

I.

Nature du Mal. — Origine du Mal.

Le mal est l'opposé du bien, comme le laid est l'opposé du beau et le faux l'opposé du vrai. Le mal est tout ce qui est nuisible, désavantageux, préjudiciable, tout ce dont l'homme raisonnable est bien aise de n'être pas atteint.

On divise les maux dont l'humanité peut avoir à
se plaindre, en trois classes : le mal métaphysique,
le mal physique et le mal moral.

Le mal métaphysique, c'est l'imperfection d'une
créature comparée, soit à une autre créature moins
imparfaite, soit à Dieu, la souveraine perfection.

Le mal physique ou mal naturel désigne tout ce
qui est, pour un être sensible, une source de douleur, telles sont : la maladie, l'imperfection ou le jeu
irrégulier des organes, la mort et les fléaux divers
qui attaquent l'homme dans sa fortune.

Le mal moral désigne le péché, c'est-à-dire l'in-
fraction volontaire d'un commandement imposé par
Dieu ou par l'autorité humaine qui le représente.

Quelle est l'origine de ces diverses classes de
maux ? Le mal métaphysique vient de la contingence
même de l'être. A proprement parler, ce n'est pas un
mal, mais seulement un moindre bien, une imperfection qui disparaît elle-même, dit Leibnitz, quand
on s'élève à une vue plus générale. Cette imperfection est relativement le lot inévitable de toutes les
créatures. Quelque richement dotées que nous puis-
sions les concevoir, elles seront toujours à une dis-
tance infinie des perfections divines. C'est l'état que
voulaient désigner les péripatéticiens lorsqu'ils
disaient que « chaque être était composé d'existence et de non-existence. » Nous verrons tout à
l'heure les moyens que Dieu, dans sa bonté, a pris
pour permettre à l'homme d'arriver autant que possible à une existence complète.

Les maux physiques rentrent en partie dans la
classe des maux métaphysiques, et, comme eux, ils
ont été multipliés et aggravés par la déchéance du
premier homme.

Quant au mal moral, c'est-à-dire, au péché et aux

peines qu'il entraîne, il vient du mauvais usage que fait l'homme de sa liberté, en désobéissant à Dieu. La volonté d'un être raisonnable et libre agissant d'une manière déréglée, voilà le *mal moral*, le *vrai mal*.

Aucun mal proprement dit n'a jamais pu être imputé à Dieu ; au contraire, dans toutes les questions qui intéressent l'homme, à un point de vue quelconque, on voit que Dieu met sa puissance et sa sagesse au service de sa bonté, pour diminuer le mal autant que possible, quand il est inévitable, pour le réparer quand il est arrivé, et s'en servir même pour en tirer un plus grand bien.

II.

Le mal métaphysique. — Communication des attributs divins. — Immortalité, raison, liberté. — Prix de l'homme.

Examinons d'abord ce qu'il a fait pour guérir le mal métaphysique. Le moyen le plus efficace et le plus flatteur que l'on puisse imaginer était de créer l'homme à son image et à sa ressemblance, en lui cédant une partie de quelques-uns de ses attributs divins, et lui permettant ainsi de se rapprocher à un degré plus ou moins élevé de son créateur qui possède toutes les perfections sans aucun défaut, et réunit tous les biens à l'exclusion de tout mal. C'est précisément ce qui a lieu (1).

Tous les attributs divins qui sont communicables se trouvent à quelque degré dans l'homme, mais il en est trois qui méritent d'être signalés.

(1) *Faciamus hominem ad imaginem et similitudinem nostram et præsit universæ terræ.* Gen. I, 26.

L'homme est immortel, il est raisonnable, il est libre.

Par l'immortalité il partage l'éternité de Dieu. Si les deux éléments qui le composent, l'âme et le corps, doivent un jour être séparés par la mort, la résurrection les réunira d'un lien désormais indissoluble.

Par la raison l'homme a conscience de soi, il se sait un, personnel, libre, responsable, identique, persistant au milieu de tous les changements qui l'entourent et malgré la rénovation perpétuelle des éléments qui composent ou enveloppent son corps.

Par la raison, l'homme peut généraliser et concevoir l'immatériel, l'invisible, l'absolu, l'universel, l'infini, le divin et tirer d'un principe abstrait les diverses conséquences, les unes purement théoriques, les autres pratiques qui en découlent. Il peut percevoir et poursuivre obstinément la vérité et la découvrir avec une intime joie partout où elle se cache et quelle que soit la forme qu'elle affecte : l'immuable dans les mathématiques, le beau dans les arts, le bon dans la morale et sous toutes ces formes à la fois dans le sein même de l'Infini.

Cette raison donne à l'homme la faculté de progresser. L'animal, de sa nature, est stationnaire, « chaque individu se comporte exactement de la même manière que tous les individus de son espèce. Nulle variété dans les actes. Les animaux accomplissent leur œuvre sans pouvoir rien modifier à ce que leurs ancêtres ont fait depuis des milliers de générations. Qui a vu un hanneton en a vu mille ou un million, ou un milliard. Nul d'entre eux n'a une dose d'intelligence suffisante pour changer quoi que ce soit au plan qui lui a été tracé d'avance. » Ce que dit M. Charles Richet du hanneton s'applique à toutes les espèces, même à celles qui paraissent les plus intelligentes. Depuis dix mille ans peut-être que l'homme les observe, l'abeille construit sa ruche, l'hirondelle son nid, le castor sa galerie exactement de la même manière. Les araignées d'aujourd'hui ne sont ni plus ni moins habiles que celles qui vivaient du temps d'Arachné la rivale de Minerve. Aucun chien ne s'est montré plus fidèle que ceux d'Ulysse et de Tobie. Aucun cheval plus courageux que le Bucéphale d'Alexandre ou celui plus ancien encore que décrit Job. Les singes eux-mêmes si semblables à l'homme par leur organisation physique se sont montrés absolument rebelles à tout progrès et toute l'intelligence qu'on leur prête, n'a jamais pu arriver à comprendre que pour continuer de se chauffer devant un foyer, il fallait attiser de temps en temps le feu en poussant l'une contre l'autre les bûches allumées.

L'homme au contraire est essentiellement progressif, et si par une cause quelconque il se voit dépouillé des ressources et des avantages qu'il avait reçus ou qu'il s'était procurés par son travail ou son industrie, il se remet à l'œuvre pour les retrouver tous et de plus grands encore. On l'a vu n'ayant pour tout costume qu'une ceinture de feuillage et il arrivait bientôt à se parer de riches étoffes aussi belles que solides. Il a logé dans des cavernes et il se construit d'immenses palais. Il s'est nourri des glands de la forêt et il couvre sa table des mets les plus variés empruntés à tous les règnes de la nature. Pour cultiver la terre ou repousser ses ennemis, il n'avait d'abord, qu'un soc de bois et des pierres simplement éclatées, taillées ou polies, et voilà le fer, l'acier, le bronze qui lui fournissent des instruments plus commodes, des armes plus redoutables et quelques-uns d'une puissance d'action et de destruction effrayantes.

S'agit-il de locomotion ? Quel progrès ne pouvons-nous pas constater depuis le palanquin porté par deux hommes ou le char attelé d'un âne, jusqu'aux wagons qui volent sur nos chemins de fer ? Depuis la pirogue du sauvage et la nacelle du pêcheur jusqu'à ces paquebots et à ces cuirassés dont les ponts servent de promenoir à six mille hommes et dont les flancs recèlent des provisions de vivres pour six mois. L'homme marchait sur la terre; armé d'un scaphandre, il se promène aujourd'hui au fond de la mer; des *aérostats* de sa fabrication lui ont permis déjà de s'élever dans l'atmosphère plus haut que jamais l'aigle n'a pu faire, et bientôt tranquillement assis sur son *aéroplane* il voyagera à travers les airs malgré les vents et les tempêtes.

Faut-il communiquer sa pensée à ses semblables ? L'homme emploie les moyens les plus divers et les plus étonnants : la parole, la mimique, la dactylologie, les hiéroglyphes, l'écriture, la typographie, mille alphabets conventionnels; des signes algébriques, télégraphiques, phonétiques, sténographiques, signes qu'il change, modifie, combine, régularise, perfectionne de plus en plus. Quels progrès, depuis les bâtonnets marqués d'entailles des Scythes jusqu'à nos dépêches portées par l'électricité. Et « l'esprit humain jamais épuisé, dit Bossuet, peut chercher et trouver encore mieux. Est-ce tout ? Non, Dieu a fait plus encore, il a créé l'homme libre et cette liberté donne à la créature le pouvoir insigne d'ajouter quelque chose à la gloire de son Créateur, gloire externe sans doute puisque la gloire interne de Dieu ne peut recevoir d'accroissement, mais gloire externe que Dieu s'est proposée en créant le monde.

L'homme, on ose à peine l'écrire, et cependant

rien n'est plus vrai, l'homme par la liberté dont il est doué, est placé un instant, à la hauteur de son Créateur lui-même, puisqu'il peut signer les contrats que Dieu lui propose et exiger ensuite, s'il en remplit les clauses stipulées, toutes les récompenses promises.

Sans doute l'homme reste encore un être imparfait et contingent, mais il peut être fier et se féliciter mille fois d'un mal, d'une contingence qu'accompagnent de pareils honneurs (1) !

Examinons s'il en est de même des autres maux : le mal physique et le mal moral.

III.

Origine du mal physique. — Trois classes d'êtres raisonnables : Les anges, l'homme innocent, l'homme déchu. — Le péché originel. — Sa transmission. — Sa réparation. — Les trois révélations. — Les nouvelles béatitudes. — La rémission des péchés. — Prédominance du bien. — La raison, La santé, La longévité de l'humanité.

Au lieu de rétrécir le champ du combat, nous préférons l'élargir, afin de mieux constater le mal partout où il se trouve. Dieu a voulu donner l'existence à trois classes d'êtres raisonnables : les anges, l'homme à l'état d'innocence et de grâce, et l'homme naissant dans le péché ou l'état originel, deux expressions qui, dans le cas présent, sont équivalentes.

Quels ont été les résultats de ces trois créations au point de vue qui nous occupe ?

---

(1) Le prophète Isaïe avait raison de donner plus de prix à l'homme qu'à un monde entier composé de l'or le plus fin : *Pretiosior est vir auro et homo mundo obrizo.* Is. XIII, 12.

Par la première création une multitude d'esprits est tirée du néant. Ils sont divisés en plusieurs ordres et forment diverses hiérarchies qui sont plus ou moins en rapport immédiat avec leur Créateur et qui distinguent plus ou moins nettement les raisons des choses créées; mais tous sont égaux par le privilège de voir Dieu dans son essence, de contempler face à face et sans voile la majesté divine, bonheur dont la seule espérance faisait supporter tous les travaux et braver tous les dangers à l'apôtre saint Paul. Au lieu de payer à celui qui, en les créant, les avait comblés d'honneur et de privilèges, le juste tribut d'admiration et d'obéissance qu'ils lui devaient, un certain nombre d'entre eux se révoltèrent contre lui et se prétendirent ses égaux, ou du moins ses semblables. La création de l'enfer fut la réponse à ceux qui s'entêtèrent dans leur ingratitude et leur orgueil, et la confirmation à l'état de grâce et de gloire la récompense de ceux qui restèrent fidèles.

L'homme innocent.

Une seconde création eut lieu, la création de l'homme, composé cette fois, d'un corps et d'une âme. Encore un être, revêtu d'innocence et de grâce, et enrichi des plus précieux privilèges.

Vraiment Adam devait être fier, comme le dit Chateaubriand, de ses vingt-cinq ou trente ans qu'il n'avait pas vécu; fier de posséder toutes les sciences qu'il n'avait pas étudiées, fier d'être le souverain légitime d'un royaume qu'il n'avait pas eu la peine de conquérir les armes à la main. Adam, devait surtout s'estimer très heureux de recevoir souvent la visite de Dieu, venant converser avec lui familièrement, et compléter ainsi son éducation intellectuelle et morale. Ici, encore le péché, qui avait porté le trouble dans les cieux, vint troubler l'ordre sur la terre, Adam désobéit à son Créateur. La punition, toutefois, fut différente et le premier homme en subissant la pénitence imposée, pourra aspirer à reconquérir le bonheur éternel dont il s'était rendu indigne.

L'homme déchu.

Troisième création, l'homme déchu est taché, en naissant, du péché originel. Ici, le système change, l'humanité se continuera, mais le corps et l'âme de chaque individu se ressentira plus ou moins d'une position amoindrie, les enfants croissent dans la condition de leur père. Le Concile de Trente nous l'apprend en ces termes : « Si quelqu'un ne reconnaît pas qu'Adam le premier homme ayant transgressé les commandements de Dieu dans le Paradis terrestre est déchu de l'état de sainteté et de justice dans lequel il avait été établi, et par ce péché de désobéissance et cette prévarication a encouru la colère et l'indignation de Dieu, et en conséquence la mort dont Dieu l'avait auparavant menacé et, avec la mort, la captivité sous la puissance du démon, et que par cette offense et cette prévarication Adam selon le corps et selon l'âme a été changé en un état pire « *in deterius* », qu'il soit anathème. »

Que faut-il entendre par cet *état pire*? La perte de la grâce sanctifiante, du droit au bonheur éternel, le dérèglement de la concupiscence, la sujétion aux infirmités et à la mort, l'affaiblissement de la liberté et de la volonté, voilà l'explication que donnent de ces termes *in deterius* les interprètes les plus autorisés. Comment et par qui sera réparé un pareil désastre? Par l'infinie bonté de Dieu, et voici les moyens qu'il a employés. Il interroge lui-même les coupables, provoque une confession de leur part, leur impose une pénitence et leur annonce la venue d'un Sauveur, chargé de limiter et de réparer les conséquences de leur ingratitude et de leur révolte. Cette promesse s'est réalisée et avec un tel succès, que l'Église elle-même n'a pu s'empêcher dans son admiration et sa reconnaissance d'appeler *heureuse* « *felix culpa* » une faute qui a permis à la race humaine non seulement de recouvrer ses anciens privilèges, mais d'en acquérir de plus précieux encore. En effet quelles ont été les suites du péché ? d'augmenter ou de créer le mal, sous les trois formes dont nous avons parlé. Or la réparation a été abondante sous ce triple rapport.

Dans les conditions où l'homme avait été créé, il était déjà l'image de Dieu ; dans les conditions qu'il a été racheté, cette image est encore plus ressemblante, puisqu'il est vrai de dire que dans la nature humaine on trouve une personne qui est réellement Dieu, et que nous sommes participants de tous les biens de cet homme-Dieu, « même de sa nature divine, dit l'Apôtre, en évitant la corruption et la concupiscence du monde. »

Les trois révélations.

L'ignorance et l'obscurcissement de l'entendement humain avaient été un des premiers effets produits par le péché originel ; pour les réparer, les trois personnes de la Sainte Trinité décrètent que trois grandes révélations nouvelles auront lieu. La première, par Dieu le Père, sur le mont Sinaï ; la seconde, par le Fils de Dieu, le Verbe Incarné, qui viendra passer trente-trois ans sur la terre ; la troisième, par le Saint-Esprit, le jour de la Pentecôte, chargé de compléter les deux autres et de les conserver intactes par le ministère de l'Eglise catholique, qu'il doit divinement assister jusqu'à la fin du monde.

Un autre effet désastreux du péché originel fut l'affaiblissement de la liberté et de la volonté et le développement de la triple concupiscence; pour fortifier celles-là et lutter avec succès contre celle-ci, Dieu ajoutera à la clarté et la brièveté du Symbole et du Décalogue l'autorité d'une Eglise infaillible et la force intrinsèque de la grâce actuelle qui ne manque jamais, et que l'homme pourra toujours puiser dans la prière et les sacrements qui seront institués et mis à sa disposition.

L'homme avait perdu la grâce sanctifiante, ce reflet de la sainteté divine, ce don si précieux lui sera rendu et avec abondance, puisqu'il lui sera permis d'aspirer à la perfection même de Dieu : « Soyez parfaits, comme votre Père céleste est parfait, » et pour qu'il puisse accomplir ce précepte dans la mesure du possible à la nature humaine, le Fils de Dieu fait homme fera cette prière : « Père, qu'ils soient un avec nous. »

La désobéissance fatale du Paradis terrestre avait fait encourir à l'homme la peine de mort; il avait été cependant créé immortel, ce glorieux privilège lui sera rendu. L'homme mourra, mais cette séparation de l'âme et du corps ne sera que temporaire, et une résurrection finale rétablira, pour jamais, dans son intégrité, toute la personnalité humaine.

Satan et ses suppôts, autres auteurs du mal moral, avaient cru leur puissance augmentée par la victoire qu'ils venaient de remporter sur l'homme, elle sera diminuée. Les bons anges viennent de recevoir l'ordre de s'intéresser au salut de l'homme et de le défendre contre les attaques de leurs ennemis communs. Chaque nation aura son ange protecteur, et chaque homme son ange gardien.

Les nouvelles béatitudes.

Mais cette longue suite d'infirmités et de douleurs qui accompagnent le corps humain, mais la nécessité du travail ingrat, toujours fatigant, auquel il faut se livrer, mais les mécomptes inattendus qui viennent traverser nos projets, les fléaux divers de la nature contre lesquels il faut lutter sans relâche, ne sont-ce pas là des maux dont la fréquence et l'intensité viennent souvent empoisonner la vie humaine, compromettre notre patience et protester contre la bonté divine ? Au contraire, ici encore il faudra la bénir. Sous la loi de grâce, les choses changent de nature. Les dons de la fortune sont appelés un danger et la pauvreté effective ou volontaire, un moyen de salut. Le travail était devenu plus pénible et moins honoré; pour l'ennoblir et le faire aimer, l'Homme-Dieu s'y livrera pendant trente ans. « La consolation attend ceux qui pleurent et le royaume des cieux appartient à ceux qui souffrent persécution pour la justice. Vous êtes calomniés, chargés d'opprobres, persécutés, réjouissez-vous et faites éclater votre joie, parce que la récompense qui vous attend au ciel est grande. Toute tribulation, toute souffrance, toute privation supportée au nom de Jésus-Christ, se changera en un poids immense de gloire. » Vous avez la croix à porter, mais c'est un gage de salut. Celui qui la refuse n'est pas digne de marcher à la suite du Sauveur du monde, qui n'est entré dans sa gloire qu'en portant la sienne. Vous aspirez à la couronne qui récompense l'athlète vainqueur, il faut descendre courageusement dans l'arène, prendre part au combat. Et ici, remarquez la bonté et la munificence de notre Dieu ; aux jeux olympiques, on ne couronnait qu'un seul athlète, celui qui avait mis hors de combat tous les autres ; dans la vie chrétienne chacun est couronné quels que soient ses succès, dès qu'il a combattu dans la mesure de sa force, et la couronne qu'il reçoit est d'une beauté et d'un éclat qui ne sera jamais terni.

Rémission des péchés.

Il nous reste à signaler un trait de bonté qui met le comble à tous ceux dont nous venons de parler. Dieu prévoyant que malgré les soins multipliés qu'il a mis à notre disposition, nous tomberions encore, a institué un autre moyen de salut, et de peur qu'on l'oubliât, il a inspiré à son Église de l'insérer dans le Symbole des Apôtres, c'est la *rémission des péchés*. Il mérite une mention particulière. Quand un coupable est cité devant la justice humaine, il a beau avouer son crime et ajouter qu'il s'en repent, ses aveux ne font qu'aggraver sa position, il est condamné par des magistrats, heureux dans ce cas, de porter une sentence sans subir ce reproche secret que leur conscience leur fait quelquefois : « Qui sait si je n'ai pas condamné un innocent ? » Dieu au contraire regarde le cœur de l'homme, avant de juger ses actes, et s'il y trouve le repentir qui déplore et désavoue sincèrement les infractions commises à ses lois, il acquitte le coupable, sauf à lui imposer une pénitence et une réparation convenables. Le publicain confesse humblement son indignité, il sort du temple justifié. Madeleine confuse de ses égarements et éprise déjà d'un amour qui l'étonne elle-même, se jette aux pieds du Sauveur qu'elle n'ose regarder. Une absolution publique lui rend son innocence, « beaucoup de péchés lui sont pardonnés parce qu'elle a beaucoup aimé. » Zachée promet de réparer toutes les injustices qu'il a commises et l'Hôte divin qu'il a reçu l'adopte pour son disciple. Le bon larron confesse ses fautes, mais proclame l'innocence du Juste crucifié à ses côtés, le pardon de ses fautes et la récompense de sa foi ne se font pas attendre; à l'instant même il entend ces paroles : « Ton âme sera ce soir avec moi dans le Paradis. » Le roi Manassé revient sincèrement à Dieu et le pardon lui rend le courage et l'espérance. David se rend coupable d'adultère et de meurtre, mais au lieu de s'irriter contre les reproches de l'envoyé de Dieu, il reconnaît sa faute et l'avoue humblement, en s'écriant de bouche et de cœur : « J'ai péché, *peccavi,* » et le prophète Nathan d'ajouter aussitôt : « Dieu vous pardonne, votre péché n'existe plus. »

« Comment, dit saint Augustin, trois syllabes ont tant de vertu ? Oui, trois syllabes seulement, *peccavi,* mais de ces trois syllabes est sorti un feu qui inonde le cœur du coupable et l'agréable odeur de ce sacrifice est montée jusqu'aux cieux. » « La puissance du repentir, dit saint Cyprien, qu'en dire que tout le monde ne sache ? Elle brise toutes les chaînes, elle ouvre toutes les portes, elle désarme la colère divine, guérit toutes les blessures du péché, dissipe les ténèbres de l'esprit. Elle rend la confiance aux plus désespérés. Père tendre, il est toujours prêt à embrasser l'enfant prodigue quand il revient et il invite tous les anges de la cour céleste à se réjouir avec lui de ce retour. »

Répétons avec saint Augustin : « Dieu est bon, souverainement bon, la bonté fait son essence, sans emprunter aucun élément étranger. C'est bien lui, lui seul qui est notre souverain bien. »

On comprend l'exclamation de l'Eglise s'écriant dans sa reconnaissance : «*Heureuse faute*, qui nous a valu l'arrivée d'un tel réparateur. »

Proportion, relation du bien et du mal.

Tenant compte de cette divine intervention, Leibnitz lui aussi prenant le monde tel qu'il est, prétend que tout est pour le mieux ; et voici le principal argument qu'il développe largement pour démontrer sa thèse : Dieu dans son omniscience a connu le meilleur monde qui pouvait exister. Sa bonté étant infinie, il n'a pu s'empêcher de le choisir et dans sa toute-puissance il a pu et dû le réaliser. Si le mal apparaît dans quelque endroit de cet ouvrage, l'ouvrier ne l'a toléré que pour en tirer un plus grand bien, « il faut de l'ombre au tableau. »

Malebranche pareillement trouve que ce monde est le meilleur possible, mais son argumentation est surtout basée sur l'Incarnation du Fils de Dieu. La nature humaine a été élevée à un degré si haut par cet événement que tout mal, considéré comme cause d'un pareil honneur, disparaît et mérite plutôt le nom de bien.

Un autre groupe de philosophes trouvent au contraire que tout est mal dans ce monde. C'est l'opinion de Schopenhauer en particulier et pour la prouver, il paraphrase de son mieux ce sorite qu'il croit concluant : Tout homme de sa nature *veut*, or vouloir c'est *désirer*, désirer c'est *manquer*, c'est être privé de quelque chose ; manquer c'est *souffrir* ; donc, tout homme est de sa nature un être souffrant.

Hartmann soutient la même opinion et la défend

par le même argument : « La vie, dit-il, n'est guère qu'un *vouloir* continuel, et vouloir c'est *souffrir*, car l'essence de la volonté c'est l'effort, et tout effort est, pour l'homme, douleur, puisqu'il suppose un besoin. »

Enfin d'autres s'appliquent à prouver que la somme du mal dépasse celle du bien, et d'autres que le bien et le mal occupent dans le monde une étendue égale. Nous ne suivrons ni les uns ni les autres, et nous regardons comme plus conforme à la vérité la proposition suivante : « La somme du bien soit physique soit moral dans le monde dépasse de beaucoup la somme du mal du même ordre. »

Prédominance du bien.

Et d'abord quel est le premier bien de l'homme ? C'est la raison, or presque tous en sont largement dotés. Les idiots et les fous sont en très petit nombre. Et encore parmi ceux que l'opinion publique a rangés dans cette infime minorité, trouve-t-on peu d'exemples où cette faculté soit absolument éteinte.

La santé voilà encore un des plus grands biens que l'homme puisse désirer et qui est le lot ordinaire de presque tous. Les maladies qui la compromettent sont nombreuses, il est vrai, la médecine en compte plus de douze cents, mais elles ne sévissent ni sur tous, ni toujours. On peut ordinairement les prévenir, souvent les guérir, presque toujours les soulager. Les maladies et les souffrances qu'elles imposent, nous l'avons déjà dit, ne méritent pas le nom de mal, depuis que tout chrétien a appris qu'acceptées avec résignation à la volonté de Dieu et en union avec les souffrances du divin Rédempteur du monde, elles sont devenues une source de grâces en ce monde et de gloire dans l'autre.

Pauvreté relative.

Les pauvres sont plus nombreux que les riches. — Il faut s'entendre sur la vraie signification de ces termes. Une personne peut posséder une grande fortune et en réalité être pauvre. Cela arrive toutes les fois que les recettes ne peuvent couvrir les dépenses. Un ouvrier est à l'aise lorsqu'il a pu travailler toute l'année à un prix suffisamment rémunérateur pour faire quelques économies qui serviront à passer la première saison morte que tout bon ouvrier doit prévoir. Un agriculteur se croit heureux lorsqu'une abondante récolte lui permet d'élever sa famille et de garder quelques provisions pour l'année suivante dont les résultats sont incertains.

En général cependant, dit-on, les ouvriers, les marchands et les agriculteurs se plaignent de leur sort : Ont-ils raison ? L'auteur du *Système de la nature*, tout naturaliste qu'il est, ne le croit pas : « Supposons, dit-il, que l'on propose à un homme quelconque de changer son existence contre celle d'un autre à son choix, j'entends par son *existence* tout ce qui le constitue tel qu'il est, ses facultés intellectuelles acquises, ses connaissances, ses idées ses inclinations, sa manière d'être, de voir et de sentir. Il y a cent à parier contre un, qu'aucun homme ne serait assez hardi pour vouloir hasarder l'échange avec quelque individu que ce soit. »

Salluste lui aussi est de cet avis : « C'est à tort, dit-il, que le genre humain se plaint de sa condition. » Horace dans ses satires fait la même réflexion. Après avoir raconté que l'homme mécontent de son état vante la condition d'autrui, il ajoute : « Qu'apparaissant aussitôt, un dieu dise à ces mécontents : « Je vais satisfaire vos désirs : soldat, deviens marchand ; avocat, sois laboureur ; changez de rôle et retirez-vous chacun de votre côté. Eh bien! qui vous arrête ? » Ils refusent... ils pourraient être mieux cependant. »

Les païens eux-mêmes, on le voit, trouvaient que le bien dans le monde de leur temps dominait le mal. Les bienfaits de toute nature que l'homme doit au christianisme n'ont pu qu'améliorer cet état, et il est facile de prouver qu'il en est ainsi. J'écris en ce moment au milieu d'une commune de quinze cents âmes, qui forment deux cent soixante feux. Sept ou huit familles seulement, environ trente personnes ont besoin d'être assistées pour passer l'année, tout le reste de la population se nourrit et s'habille du fruit de son travail.

La plupart, je devrais dire la plus grande partie, peine rudement, il est vrai, mais aucun ne maudit son sort, même parmi ceux qui ont besoin de la charité d'autrui pour arriver à la fin de l'année, et je suis persuadé qu'il en est ainsi dans la grande majorité des communes de France, puisque les conditions de climat, de culture, de travail, et par conséquent de ressources sont à peu près les mêmes partout.

Les fortunes sont plus inégales dans les grandes villes, mais, tout compte fait, on arrive à des conditions peu différentes.

Paris, dit-on, compte de deux cent mille à deux cent vingt mille indigents sur une population effective d'un peu plus de deux millions d'âmes, c'est un pauvre sur neuf (laissons les fractions.) C'est beaucoup, mais les revenus de l'Assistance publique s'élèvent seuls à quarante millions. Si on les distribuait par portions égales, chaque indigent recevrait 181 francs par an; une famille composée du père, de la mère et de trois enfants, jouirait d'une rente de 905 francs, tous auraient de quoi vivre. Les hôpitaux, les aumônes privées, les conférences de Saint-Vincent de Paul, et la rémunération d'un travail auquel tout indigent est plus ou moins capable de se livrer apporteraient un supplément dans les cas particuliers.

Longévité de l'humanité.

Il est un autre fait qui domine la question de la quantité relative du bien et du mal physique et permet à lui seul de la résoudre *a priori* dans le sens que nous avons adopté. C'est la durée de la race humaine. Il y a environ huit mille ans qu'elle a paru sur la terre, dix mille, disent d'autres chronologistes, peu importe le temps précis, ce qui est sûr, même en ne s'en rapportant qu'aux données de la science, c'est que l'homme a commencé et que depuis cette époque il dure et se perpétue ; cela seul prouve que dans ce monde sous le rapport physique le bien l'emporte sur le mal. Le mal de sa nature est improductif.

Il en est de même dans l'ordre moral. Quel que soit le désordre dont nous sommes trop souvent les témoins, ici encore le *bien* l'emporte sur le *mal*.

Soit, a-t-on dit, nous l'admettons, le bien l'emporte sur le mal, mais, vous l'avouerez vous-même, le mal persiste. La raison humaine comprend facilement que le mal métaphysique, c'est-à-dire l'imperfection, soit l'apanage de tout être créé. On tolérerait aussi facilement l'existence du mal physique quel qu'il soit, puisque, d'une part, il peut être prévu, combattu, atténué, neutralisé et réparé par les efforts de l'homme, et, d'autre part, il ne dépend que du chrétien de le changer en une source de mérite, en un véritable instrument de salut et de gloire ; mais le mal moral, cet affreux péché mortel qui met l'homme en état de révolte contre son Créateur, rend inutiles ses souffrances et la mort de son Rédempteur, et rend passible celui qui le commet de la damnation éternelle, s'il ne revient pas à résipiscence avant de mourir, pourquoi n'a-t-il pas été détruit dans sa racine? Il eût été facile à Dieu de multiplier les grâces qu'il donne à l'homme pour que celui-ci ne s'exposât pas à un pareil malheur.

Sans doute toutes les explications que nous avons données jusqu'ici seraient incomplètes si nous ne pouvions pas résoudre cette dernière difficulté, il n'en est pas ainsi heureusement. On peut démontrer que Dieu qui en créant le monde aurait pu le faire dans des conditions plus ou moins différentes, a choisi et réalisé celles qui, telles qu'elles sont, ne peuvent que provoquer notre admiration et mériter notre reconnaissance.

IV.

Décalogue ; Degré d'observance, pardon possible, secours promis. — Grâce actuelle : Qualités, origines, forme, nécessité. — Grâce donnée aux justes ; pécheurs, Juifs, infidèles.

Rappelons d'abord le texte des commandements dont l'observance est la première condition de salut.

Décalogue.

Je suis le Seigneur ton Dieu, et tu n'adoreras que lui.

Tu ne prendras point son nom en vain.

Tu te reposeras le septième jour, en le sanctifiant.

Tu honoreras ton père et ta mère.

Tu ne tueras point.

Tu ne commettras point d'impureté.

Tu ne voleras point.

Tu ne rendras point de faux témoignages,

Tu ne désireras rien de ce qui n'est pas à toi.

En résumé, tout se réduit à rendre à notre Créateur le culte qui lui est dû, à respecter les droits du prochain et se respecter soi-même. Vraiment, ne suffit-il pas de consulter les simples lumières de la loi naturelle, pour être convaincu que de pareilles obligations s'imposent de leur nature et que Dieu ne pouvait pas demander moins à un être raisonnable. Le décalogue, l'effroi de l'incroyant, n'est au fond que le simple code de cette honorabilité sociale que tout homme raisonnable désire posséder.

Modes d'observance.

Remarquez ensuite les divers adoucissements qui facilitent l'observance de ces lois.

1º Il faut distinguer dans chaque commandement ce qui est de précepte et ce qui est de conseil. La première partie seule est obligatoire pour tous; la seconde est facultative et n'est demandée qu'à quelques-uns.

2º Les infractions légères que nous appelons péchés véniels sont vite pardonnées; est seul menacé d'être puni de l'enfer le péché qui est mortel, c'est-à-dire, celui que l'on commet en matière grave, avec une entière advertance et un consentement plein et parfait. Si une de ces trois conditions manque, le péché n'est que véniel.

Pardon promis.

3º Le péché mortel, lui-même, malgré sa gravité et sa malice, est l'objet d'un pardon toujours assuré au coupable qui le demande avec un sincère repentir. Nous l'avons déjà dit, le Seigneur est toujours plein de compassion et de tendresse pour ses enfants, parce qu'il connaît la fragilité de leur origine. Il l'a déclaré lui-même, « Il ne veut point la mort du pécheur, mais qu'il se convertisse et qu'il vive. » Quelque grands et prolongés qu'aient été les égarements de l'enfant prodigue, son retour a fait tout oublier et le Père de famille invite les habitants des cieux, à se réjouir tous, plus heureux de la conversion d'un pécheur, que de la persévérance de quatre-vingt-dix-neuf justes.

Aide promis.

4° Enfin, Dieu a promis à l'homme de ne jamais permettre qu'il fût tenté au-dessus de ses forces et de mettre toujours à sa disposition, sous le nom de grâce dont nous avons déjà parlé, un secours auquel il n'aurait plus qu'à ajouter lui-même sa part de bonne volonté pour remporter la victoire.

Disons un mot de la nature de cette grâce toujours offerte, jamais refusée quand elle est demandée. Nous sommes ici, sur un terrain dont le caractère intrinsèque est complètement surnaturel, puisqu'il ne s'agit absolument que des relations qui existent entre Dieu et l'homme rétabli par la Rédemption dans tous ses droits, que la déchéance lui avait fait perdre. Nous nous croyons donc obligés de ne pas faire un seul pas, sans nous appuyer sur une décision formelle de l'Eglise, ou sur l'enseignement commun des Docteurs, autorisé par des textes précis de l'Ecriture Sainte ou de la Tradition.

Il y a deux sortes de grâce que Dieu peut donner à l'homme dans l'état actuel de nature tombée et réparée. La première est la grâce sanctifiante, c'est l'état habituel et permanent d'une âme exempte de tout péché mortel, enrichie des dons du Saint-

Esprit, infus ou acquis, et digne en cas de mort d'être admise en possession du bonheur éternel. La seconde qui fournit les moyens d'arriver à cet état est la grâce actuelle dont nous allons parler d'abord, en en montrant l'origine, le mode d'action, les formes diverses, la nécessité, la distribution et l'efficacité.

Grâce actuelle, Qualités.

La grâce actuelle est un don surnaturel, transitoire et gratuit, que Dieu donne à l'homme, pour l'aider à acquérir, augmenter et conserver l'état de sainteté qui le rendra digne du bonheur du ciel. Nous disons *surnaturel*, puisqu'il se rapporte à la vision intuitive de Dieu, fin, surnaturelle de l'homme. *Transitoire* pour distinguer la grâce actuelle de la grâce sanctifiante ou habituelle, qui constitue notre âme dans un état permanent de justification. *Gratuit*, puisqu'il nous est donné comme moyen d'arriver à la vie éternelle que Dieu ne nous doit pas. Le moyen et la fin sont de même nature. Cette gratuité, toutefois, n'empêche pas que la grâce ne soit quelquefois une récompense du bon usage que l'homme a fait d'une grâce précédente et qu'avec elle il ne puisse mériter la plus grande des grâces, la vie éternelle.

Origine.

La grâce n'a pas d'autre origine, que la bonté de Dieu, notre Créateur, et les mérites de Jésus-Christ, notre Rédempteur.

Elle agit sur l'homme, ou en éclairant son entendement, ou en excitant sa volonté, et quelquefois en faisant l'un et l'autre.

Formes.

La grâce peut être extérieure. Telles sont les prédications apologétiques ou pieuses que l'on entend, les bons conseils que l'on reçoit, les exemples édifiants dont on est témoin ou que l'on donne. La grâce actuelle intérieure est l'acte même de Dieu, éclairant notre esprit et fortifiant notre volonté, pour nous donner le pouvoir d'accomplir un précepte, faire une bonne œuvre, résister à une tentation dans le but d'assurer de plus en plus notre salut, grâce dont la source ordinaire est dans la réception et la fréquentation des sept sacrements de l'Eglise catholique.

Nécessité.

La grâce est absolument nécessaire, pour le commencement comme pour la consommation de notre salut. «Si quelqu'un dit que sans l'inspiration prévenante du Saint-Esprit, et sans son secours, l'homme peut croire, espérer, aimer ou se repentir comme il faut, pour obtenir la grâce de la justification, qu'il soit anathème.» C'est le Concile de Trente qui a formulé en ces termes, cet article de foi.

Dans la grande affaire de notre salut, c'est donc Dieu qui a la première part. Mais nous verrons bientôt, que pour la mener à bonne fin, il exige à tout prix, la coopération de l'homme. Montrons en attendant qu'il donne la première grâce à tout le monde.

Grâce donnée aux justes.

«Si quelqu'un dit qu'il est impossible aux hommes, même justifiés, et en état de grâce, d'observer les commandements de Dieu, qu'il soit anathème.» C'est le Concile de Trente, qui s'exprime ainsi (1). Saint Augustin avait déjà dit : « Dieu ne fait pas comme les médecins, qui après avoir guéri un malade, n'y pensent plus. Quand il a donné la grâce de la justification à une âme et lui a ouvert le chemin de la perfection, il ne l'abandonne jamais, à moins que cette âme elle-même ne l'abandonne la première (2). » « Espérez, dit saint Thomas, Dieu est fidèle et il ne le serait pas, si après nous avoir appelés à la société de son Fils, il nous refusait les moyens de nous en rendre toujours dignes. Rappelez-vous ses promesses : « Je ne m'éloignerai pas, je ne vous abandonnerai pas (3). » « Dieu est fidèle, dit l'Apôtre, il ne permettra pas que vous soyez tentés au-dessus de vos forces, mais il vous fera tirer profit de la tentation, afin que vous puissiez persévérer (4). »

Aux pécheurs.

La grâce est donnée aux pécheurs. « Tous les hommes, dit le Concile de Trente, doivent placer la plus ferme espérance dans le secours divin (5). » Nous lisons en effet, dans l'Ecriture Sainte : « Je ne veux pas la mort du pécheur, mais je veux qu'il se convertisse, quitte le mauvais chemin qu'il suit, et qu'il vive. Dieu ne veut pas que personne périsse, il veut que tous reviennent à la pénitence (6). » Les Pères de l'Eglise, commentent ainsi ces paroles : « Il ne faut jamais désespérer du salut du plus grand pécheur

---

(1) Conc. Trid. Sess. VI, can. 13.
(2) L. de naturâ et grat. c. 24, VI, 29.
(3) Ep. ad Cor. Lect. 1.
(4) 1 Cor. X, 13.
(5) C. Trid. Sess. VI, c. 13.
(6) Ezechiel, XXVIII, 2.

tant qu'il est en vie (1). » « Dieu veut que la porte du repentir soit toujours ouverte, et la conversion toujours possible. Une sincère pénitence est toujours bien reçue de Dieu. Il accueille à bras ouverts, tout pécheur qui revient à la vertu, quelque grands et nombreux qu'aient été ses anciens désordres (2). » « Jésus-Christ est venu chercher et sauver ce qui avait péri (3). »

Aux Juifs.

Les Juifs, dans l'ancienne loi, avaient des grâces suffisantes pour observer les commandements de Dieu. « La loi ancienne seule, dit saint Thomas, aurait été insuffisante pour sauver les hommes, mais Dieu avait donné avec elle, un secours, qui permettait à tous d'opérer leur salut, c'était la foi au Médiateur promis (4). Parmi les propositions condamnées par la Bulle *Unigenitus*, on trouve la suivante : « Dans l'alliance judaïque, Dieu a laissé l'homme à sa propre faiblesse, et le pécheur dans son impuissance, tout en exigeant de lui la fuite du péché et l'accomplissement de la loi (5). » Les Jansénistes, en professant cette erreur, avaient oublié ces paroles d'Isaïe : « Quels soins pouvais-je donner à ma vigne que je n'ai prodigués, et au delà : j'attendais qu'elle me donnât des raisins et elle n'a produit que des fruits sauvages (6). » Ingratitude des bienfaits reçus, résistance aux grâces données que l'Homme-Dieu déplorait en ces termes, dans ces

(1) S. Aug. L. de Retract. c. 19, n. 76.
(2) S. Chryst. ad Theod. 1, n. 6.
(3) Luc, XIX, 10.
(4) 1ª 2ª, q. 98.
(5) Clém. XI, Unig. prop. VI.
(6) Is. V, 4.

reproches adressés à ses compatriotes : « Jérusalem Jérusalem, qui tues les prophètes et lapides ceux qui te sont envoyés, combien de fois n'ai-je pas voulu rassembler tes enfants, comme la poule rassemble ses petits sous son aile, et tu n'as pas voulu (1). »

Aux infidèles.

La grâce est donnée à tous les infidèles. « Dieu veut que tous les hommes soient sauvés et arrivent à la connaissance de la vérité (2). » « Le Verbe est la vraie lumière qui éclaire tout homme venant dans ce monde (3). » « Ce Soleil de justice s'est levé pour tous, a brillé pour tous, a souffert pour tous, et c'est pour tous qu'il est ressuscité. » « Celui qui ne croit pas au Christ, renonce à sa part d'un bénéfice destiné à tous (4). » « Le Verbe fait chair en revêtant notre dépouille mortelle, ne peut plus excuser celui qui veut rester dans l'ombre de la mort. La nature de cette ombre n'est plus la même, depuis que la chaleur du Verbe l'a pénétrée (5). » « Les nations, même celles qui n'ont eu aucun rapport avec Israël, et qui ont péri dans l'ombre de la mort, sont inexcusables, car la grâce du salut qui leur a été donnée, bien que dans une mesure restreinte, était non seulement suffisante pour les éclairer tous, mais encore pour les sauver tous, comme elle a fait pour quelques-uns (6). » Nous avons pour avocat auprès du Père, Jésus-Christ qui est lui-même la victime de propitiation pour nos

(1) Math. XXIII, 37.
(2) I Tim. II, 4.
(3) Jo. 11, 9.
(4) S. Ambr. in Jo. XXVIII, 57.
(5) S. Chrysost. Homil. in Jo. 4, 7
(6) Jo. 2 Ep. C. II, 1-2.

péchés et non seulement pour nos péchés mais pour ceux du monde entier.

V.

Hors de l'Eglise pas de salut. — Le corps et l'âme de l'Eglise. — La bonne foi. — Efficacité du baptême. — Justes hors de l'Eglise. — L'hérésie matérielle. — Trois sortes de baptême. — Ignorance invincible. — Foi et loi naturelle. — Secours extraordinaires.

Voilà bien, direz-vous, une foule de textes qui prouvent que l'Incarnation du Fils de Dieu a largement réparé les suites du péché originel et reconstitué l'homme dans le pouvoir d'opérer son salut temporel et éternel, mais ne sont-ils pas en désaccord avec ces trois assertions que les théologiens catholiques eux-mêmes nous donnent, en termes aussi clairs que brefs, comme des articles de foi :

Hors de l'Eglise il n'y a point de salut.
Sans le baptême on ne peut aller au ciel.
Sans la foi il est impossible d'être sauvé.

Nous nous attendions à cette réclamation. Notre thèse en effet ne serait pas complète si elle ne résolvait les objections que l'on peut faire contre elle.

Ces trois aphorismes expriment réellement des articles de foi mais il importe avant tout de bien les comprendre. Si on donne aux termes qu'ils contiennent un sens différent de celui qu'entend l'Eglise qui les a choisis et formulés, l'objection tombe d'elle-même, elle ne va pas à la question.

Examinons, d'abord, le vrai sens de cette fameuse parole tirée du Symbole de saint Athanase et de l'usage habituel des conciles : « Hors de l'Eglise, il n'y a pas de salut. » Elle est vraie, mais, il faut distinguer dans l'Eglise catholique, le corps et l'âme.

Le corps et l'âme de l'Eglise.

Sous le premier rapport, l'Eglise est visible, et elle se compose de tous ceux qui ont été baptisés et professent la foi catholique dans sa plénitude. Considérée dans son âme, l'Eglise est invisible. C'est l'assemblée des justes, que Jésus-Christ peut recruter aussi bien dans le schisme et l'hérésie, que dans la catholicité. La bonne foi dans l'esprit, et la vertu dans la conduite, étant la seule manière d'en faire partie. « Un chrétien, dit Mgr de Frayssinous, qui ne reste séparé de la communion ou de la foi de l'Eglise catholique, que par une ignorance tout à fait involontaire, ne serait pas condamnable, par le seul fait de la séparation ou de l'erreur.

La bonne foi.

« Il faut le dire, il faut le proclamer hautement, l'homme au tribunal de Dieu, ne sera responsable dans ses opinions, que de sa mauvaise foi ; dans sa conduite, que des transgressions volontaires de ses devoirs (1). »

« Les liens extérieurs de la profession de foi, de la participation aux sacrements, de la soumission aux pasteurs, constituent le corps de l'Eglise, dit le cardinal de la Luzerne (2) ; les dons intérieurs du Saint-Esprit : la foi, l'espérance, la charité, et les autres vertus en forment l'âme. On est du corps de l'Eglise, par la profession publique et de son âme par sa vie privée. »

Baptême partout efficace.

La seconde difficulté, ne fait que reproduire la

(1) *Défense du Christianisme, Max. de l'Egl. cath.* T. IV, 1.
(2) *Explic. des Evangiles.* T. V, 129.

première sous une forme différente : « Sans le baptême, nul ne peut entrer dans le royaume des cieux. » C'est encore un article de foi que le Concile de Trente a formulé en ces termes : « Si quelqu'un dit que le baptême est libre, c'est-à-dire, qu'il n'est pas nécessaire au salut, qu'il soit anathème. » Mais le même concile a déclaré que le baptême était valide, lorsqu'il était conféré, hors de l'Eglise catholique, dans les conditions ordinaires : « Si quelqu'un dit ou soutient que le baptême qui est donné, même par les hérétiques au nom du Père et du Fils et du Saint-Esprit, dans l'intention de faire ce que fait l'Eglise, n'est pas un vrai baptême, qu'il soit anathème. »

Tous les enfants baptisés dans le sein des communions plus ou moins dans l'erreur, deviennent donc réellement par le baptême, membres de l'Eglise catholique. Leur salut est donc assuré, s'ils meurent avant l'âge de raison.

Baptisés adultes.

Et s'ils ne meurent pas, que faut-il penser de leur salut éternel. « A propos de cette question, dit l'écrivain protestant W. Mallock (1), il n'est probablement pas un point où le commun des hommes soit aussi mal informé, ou aussi ignorant, que sur la sage, mais immense charité de ce qu'on appelle l'Eglise anathématisante. Elle est généralement si peu comprise, cette charité, que l'affirmation qu'on en fait a l'air d'un étrange paradoxe. Assurément, beaucoup de paradoxes sont en réalité des mensonges, comme ils en ont l'air à première vue ; il n'en est pas de même de celui-ci, toutefois, qui n'est que le simple

---

(1) *Vivre, la vie en vaut-elle la peine ?* p. 294. Trad. de M. Salmon.

énoncé d'un fait. On n'a jamais vu un corps religieux, autre que l'Eglise romaine qui ait attaché cette rigueur intense à son enseignement dogmatique et qui ait conservé cette parfaite justice, inspirée par la sympathie qu'elle a pour ceux qui ne la reçoivent pas. Elle ne condamne pas le bien, elle ne condamne même pas un culte fervent, par cela seul qu'il est en dehors de son giron. Au contraire, elle déclare expressément qu'on peut arriver à la connaissance du vrai Dieu, notre Créateur et Seigneur, par la lumière ordinaire de la raison humaine, entendant par la raison, la foi sans les lumières de la révélation ; et elle prononce anathème contre ceux qui le nieraient.

Justes hors de l'Eglise.

« Les hommes saints et humbles de cœur qui ne la connaissent pas, ou qui la repoussent de bonne foi, elle les remet avec confiance aux incalculables miséricordes de Dieu. » L'auteur cite à ce propos, ce passage du P. Busembaum que le cardinal Newman, aimait à rappeler dans ses écrits : « Un hérétique persuadé que sa secte est la croyance la meilleure, ou même qu'elle vaut les autres, n'a pas d'obligation de croire à l'Eglise. Et quand des hommes élevés dans l'hérésie, ont depuis leur enfance, la persuasion que nous combattons et attaquons la parole de Dieu, que nous sommes des idolâtres, des corrupteurs, et qu'il nous faut fuir comme la peste, ils ne peuvent, tant que dure cette persuasion, nous écouter en sûreté de conscience. »

« L'Eglise de Jésus-Christ par la puissance de son époux, avait dit saint Augustin (1), peut avoir des en-

---

(1) *De Bapt.* L. IV, O. 16.

fants de ses servantes. S'ils ne s'enorgueillissent point, ils auront part à l'héritage. S'ils sont orgueilleux, ils demeureront dehors. » Ceux qui sont élevés chez les hérétiques sans le savoir et en croyant qu'ils sont dans l'Eglise de Jésus-Christ, sont dans un cas différent de ceux qui savent que l'Eglise catholique est celle qui est répandue par tout le monde.

L'hérésie matérielle excusable.

En résumé, il faut distinguer avec tous les théologiens deux espèces d'hérésies : l'hérésie matérielle et l'hérésie formelle. La première consiste à soutenir une proposition contraire à la foi, sans savoir qu'elle y est contraire, par conséquent sans opiniâtreté et dans la disposition sincère de se soumettre au jugement de l'Eglise, dépositaire, gardienne et interprète infaillible de l'enseignement de Jésus-Christ et des Apôtres. Telle était celle des Ariens, Goths et Vandales dont parle Salvien, lorsqu'il dit : « Ils sont hérétiques mais sans le savoir ; la vérité est chez nous, mais ils la croient chez eux, ils se trompent, mais c'est de bonne foi. » « Telle est celle, dit saint Liguori, d'une foule d'hommes droits et simples que nous appelons hérétiques. Ils ne le sont pas formellement, puisqu'ils ont reçu la foi catholique dans le baptême, laquelle ne se perd qu'en errant avec cette opiniâtreté qui caractérise l'hérésie formelle. »

Trois sortes de baptême.

Autre remarque importante. Le baptême est réellement la porte du ciel surnaturel, mais il ne faut pas ignorer que les théologiens en distinguent de trois sortes : le baptême proprement dit, dont l'eau est la matière, *baptisma fluminis* ; le baptême de désir, *baptisma flaminis*, et le baptême de sang, c'est-à-dire le martyre, la mort infligée en haine de la foi, *baptisma sanguinis*. Ces deux derniers peuvent remplacer le premier. Rappelons enfin que le Sauveur du monde en publiant ses lois évangéliques n'a pas renoncé au droit que tout législateur se réserve : celui d'en suspendre l'application et de répéter dans certains cas les paroles qu'il adressa le jour de sa mort, au bon larron : « Ce soir, ton âme sera avec moi en Paradis. »

Nous voici en face des infidèles, qui n'ont jamais entendu parler de la Révélation.

Ici, les questions se pressent et se compliquent. Nous les poserons toutes et nous donnerons la réponse qui nous paraîtra la meilleure, en nous conformant dans notre choix, aux principes suivants, dont la simple raison comprend la sagesse et que nous nous efforcerons de suivre toujours :

1º S'il existe sur la question proposée, une définition de l'Eglise, il n'y a plus d'embarras, nous n'avons qu'à transcrire, purement et simplement, la décision d'une autorité infaillible, sans autre souci que d'en bien fixer le sens et l'étendue.

2º Si nous nous trouvons en face d'une certitude, c'est-à-dire, d'une proposition qui soit la conclusion d'un syllogisme dont une des prémisses est révélée et l'autre rationnelle, nous devons l'adopter encore.

3º Nous nous croyons obligés pareillement à ne jamais soutenir une proposition, sur laquelle l'Eglise aurait recommandé le silence ou qui aurait déjà mérité de sa part d'être traitée de téméraire, ou flétrie de toute autre note théologique. Ces trois observations faites, nous n'avons plus devant nous, que des opinions plus ou moins probables, c'est-à-dire, appuyées sur des motifs plus ou moins nombreux et plus ou moins solides, mais en somme suffisants pour autoriser le théologien à choisir librement celle qui lui paraîtra la plus propre à justifier le point de doctrine dont il a entrepris la défense. Du reste, après l'avoir formulée, nous aurons soin d'indiquer les textes qui l'autorisent.

L'ignorance invincible excusable.

L'infidélité négative est-elle un péché?

Non. Les infidèles ne seront point punis pour n'avoir pas cru ce qu'ils ignoraient invinciblement et ce que par conséquent, ils étaient dans l'impuissance de croire. Dieu ne demande point l'impossible; souverainement équitable, il n'exige que l'emploi des talents qu'il a confiés. La Sorbonne exprime le même sentiment et dans les mêmes termes dans sa censure de J.-J. Rousseau.

Jésus-Christ mort pour tous.

Dieu veut-il le salut des infidèles?

Oui. « Notre Sauveur, dit saint Paul, veut que tous les hommes soient sauvés et parviennent à la connaissance de la vérité, car un seul Dieu médiateur entre Dieu et les hommes, Jésus homme, s'est donné lui-même pour être le prix et le rachat de tous les hommes. » « La mort de Jésus-Christ, dit saint Thomas, a eu lieu, individuellement pour la régénération de tous, puisque tous, individuellement, naissent dans la déchéance. »

L'obligation de recevoir le sacrement de baptême reste-t-elle pour les infidèles, qui n'ont jamais entendu parler du Fils de Dieu fait homme pour sauver le monde?

Non, les infidèles demeurent jusqu'à promulgation suffisante dans la même condition où se trouvaient toutes les nations, avant l'avènement du Christ. « Ni les enfants, ni les adultes, dit le P. Perrone, ne tomberont sous la loi du baptême, quand le Christ en parla d'abord à Nicodème et plus tard aux Apôtres, mais seulement après une promulgation suffisante de l'Evangile. Promulgation, qui est relative, non seulement aux nations, mais aux individus; si quelqu'un l'ignore sans sa faute, il n'en est nullement obligé. Saint Bernard est du même avis. »

Foi et loi naturelle.

Quels moyens ont les infidèles, pour opérer leur salut ?

Il y en a deux, le premier est de suivre les lumières de la raison, en évitant le mal et pratiquant le bien qu'elle leur indique; le second, de croire, explicitement au moins, deux vérités, celle de Dieu, et celle de Dieu rémunérateur.

« Sans la foi, dit saint Paul, il est impossible de plaire à Dieu; car il faut que celui qui s'approche de Dieu, croie qu'il est, et qu'il récompense ceux qui le cherchent. » « Non seulement, il est nécessaire, dit saint Thomas, de croire que Dieu existe, mais croire qu'il exerce une providence sur les choses, autrement, on n'irait point au ciel si l'on n'espérait de lui quelque rémunération. »

« Il faut, dit Bossuet, après saint Jérôme, il faut bien établir dans nos esprits, une vérité à quoi peut-être, nous n'avons jamais fait toute la réflexion nécessaire, que dans le jugement de Dieu, il y aura une différence infinie, entre un païen, qui n'aura pas connu la loi chrétienne, et un chrétien, qui l'ayant connue, y aura intérieurement renoncé et que Dieu, suivant les ordres de sa justice, traitera bien autrement l'un que l'autre. On sait assez qu'un païen à qui la loi de Jésus-Christ, n'aura point été annoncée, ne sera pas jugé par cette loi, et que Dieu, tout absolu qu'il est, gardera avec lui, cette équité naturelle, de ne pas le condamner, pour une loi, qu'il ne lui aura pas fait connaître; c'est ce que saint Paul enseigne en termes formels. »

Outre les deux vérités dont saint Paul exige la connaissance, est-il nécessaire pour être délivré de la coulpe du péché originel, d'avoir une connaissance explicite du Christ Rédempteur?

« Non, sans doute, dit saint Thomas, depuis le premier homme, personne ne peut être sauvé de la coulpe originelle, que par la foi du Médiateur; mais cette foi varie quant au mode de croire, selon la diversité des temps et des nations. Pour que les Gentils aient pu être sauvés, il leur a suffi de croire que Dieu était rémunérateur. Comme il s'agit d'une rémunération qui ne se fait que par le Christ, ils croyaient implicitement au Médiateur. »

Or, ce que dit saint Thomas de la foi des Gentils, qui ont précédé la venue du Sauveur, est applicable aux infidèles d'aujourd'hui. Jésus-Christ n'a pas rétréci le chemin du ciel. Concluons avec saint Augustin, que, depuis Adam, tous ceux qui ont cru en Dieu l'ont compris d'une manière quelconque et ont vécu pieusement et justement, selon ses préceptes en quelque temps et quelques lieux que ce soit, ont été sans aucun doute sauvés par lui.

D'où peut venir aux infidèles cette double grâce de faire un bon usage de leur raison et de croire en Dieu et un Dieu rémunérateur?

De Dieu lui-même, cette source intarissable de toutes les grâces et du libre arbitre de l'homme qui, faisant un bon usage des premiers dons que Dieu lui fait, mérite par cela même, d'en recevoir de plus grands encore.

Grâces extraordinaires.

Sans doute la source ordinaire de la foi, est l'enseignement de l'Eglise, *fides ex auditu*, mais en l'établissant, Dieu n'a pas renoncé à tout autre moyen de secours et d'inspiration, que son infinie bonté peut lui inspirer. Jésus-Christ, disent l'abbé Guitton et les auteurs de la troisième *Encyclopédie théologique*, Jésus-Christ, en tant que médiateur et rédempteur, s'occupe des infidèles, les aide à monter par l'inspiration intérieure, selon les motifs de sa sagesse, jusqu'au degré de connaissance et d'amour qui suffisent pour le baptême de leur âme. L'infidèle de tous les temps et de tous les lieux qui s'attache à ce qu'il sait de Dieu, par sa propre raison et à ce qu'il en apprend par la Tradition des peuples et qui agit de son mieux, relativement à l'étendue de sa connaissance, est catholique sans le savoir, aussi bien que l'hérétique qui fait de même.

Oui, les infidèles qui suivent la raison, reçoivent des grâces suffisantes pour arriver à la vraie foi. Oui, le Verbe est la lumière qui éclaire tout homme venant au monde. Dieu veut que tous les hommes soient sauvés, que tous arrivent à la connaissance de la vérité. « C'est partout, dit saint Ambroise, que s'est levé le Soleil mystique de la Justice. Quiconque ne croit pas au Christ, se prive lui-même d'une grâce qui a été accordée à tous. C'est au profit de tous et pour le monde entier qu'a eu lieu son incarnation, sa passion, sa mort, sa résurrection. C'est le péché du genre humain sur toute la surface de la terre que son sang a expié. Nul mortel n'est excepté de ce bienfait, et une connaissance de cette doctrine surnaturelle a été donnée à chacun, dans la mesure qui lui est nécessaire pour faire son salut. Seront damnés, seulement, ceux qui l'auront voulu, un secours suffisant étant donné au Juif, au Grec, au Scythe, à l'affranchi, à l'esclave, à l'homme libre, au vieillard, au jeune homme, à tous sans exception. »

Citons à l'appui des explications que nous venons de donner une page du Père Ventura qui fut beaucoup remarquée en son temps. Le savant religieux suppose l'âme d'un saint catholique faisant son entrée dans le ciel et lui prête ces paroles :

« Mais je vois là des âmes qui sont venues du sein de l'hérésie, du sein du schisme, et même qui sont venues du sein du paganisme. Comment donc ! L'Eglise m'a-t-elle trompée lorsqu'elle m'a dit que hors de l'Eglise, point de salut ? Est-ce que on se sauve aussi hors de l'Eglise ? Eh ! mais, ces gens-là sont sauvés, ils sont ici. Ah ! le Saint-Esprit, lui-même me l'explique : je lis ce mystère, je le vois très clair : les âmes heureuses qui étaient dans le schisme, qui étaient dans l'hérésie, elles n'y étaient que de bonne foi, elles n'y étaient que dans un état d'ignorance invincible, et Dieu ne punit pas la bonne foi, et Dieu ne punit pas l'ignorance invincible. Ces gens avaient le cœur droit, ils avaient des désirs justes. Ils étaient entrés dans l'Eglise par le baptême, ils n'en étaient point sortis par l'obstination qui fait l'hérétique ; et par conséquent, en restant de bonne foi dans l'Eglise, en apparence, ils n'appartenaient point à l'Eglise, ils étaient séparés du corps de l'Eglise, mais ils appartenaient à l'Eglise par l'esprit, ils étaient ses enfants, ses frères, et par conséquent, ils se sont sauvés dans l'Eglise, par l'Eglise.

« Mais les païens eux-mêmes, les païens que je vois là, étaient-ils aussi des gens de bonne foi? Ils avaient cherché à être droits, à être justes, à observer la loi naturelle autant qu'il l'ont pu. Eh bien! ils ont désiré leur salut et, dans ce désir du salut, se comprend implicitement de connaître et de croire tout ce qui est nécessaire pour se sauver. Eh bien! Dieu à ceux-là (ah! je le vois) à ceux-là, Dieu a envoyé à l'un un ange pour l'enseigner; à l'autre, il a envoyé des missionnaires pour l'instruire; à d'autres enfin, à l'heure de la mort, il s'est manifesté lui-même, il les a éclairés directement par les rayons de sa lumière céleste; il leur a fait connaître ce qu'ils devaient connaître, et ils se sont sauvés, et quoique extérieurement eux aussi, ils fussent séparés du corps de l'Eglise, ils appartenaient à son esprit, et ils se sont sauvés par l'Eglise et dans l'Eglise, et il sera toujours vrai de dire que hors de l'Eglise, point de salut. »

VI.

Sort des enfants morts sans baptême ; Les limbes. — Le martyre. — La foi et la prière des parents. — Bonheur naturel. — Paradis terrestre.

Il ne nous reste plus qu'à exposer la doctrine de l'Eglise catholique sur le sort des enfants morts sans baptême avant l'âge de raison. Si je la résumais en ces termes : «Aucun de ces enfants n'est damné, beaucoup sont sauvés, et tous seront assez heureux pour être contents de leur sort et bénir Dieu, à jamais, de leur avoir donné l'existence», le lecteur se récrierait peut-être, au souvenir des reproches de cruauté que tant d'écrivains ont osé, à ce sujet, adresser à Dieu lui-même. Il aurait tort. Ces trois propositions sont conformes à l'esprit et à l'enseignement de l'Eglise catholique. Hâtons-nous de le prouver. Il faut citer avant tout le principal document qui se rapporte directement à la question, et sur lequel s'appuient nos adversaires. Le voici : Les âmes de ceux qui après réception du baptême, n'ont encouru absolument aucune tache de péché, et celles qui, après la tache du péché contracté ont pu en être délivrées, soit, restant dans leur corps, soit dépouillées de leur corps, comme il a été dit plus haut en parlant du purgatoire, vont sans retard dans le ciel, *mox in cœlo recipt;* et les âmes de ceux qui meurent en péché mortel, ou avec le seul péché originel, descendent dans l'enfer, devant être toutefois punies de peines différentes, *descendere in infernum pœnis tamen disparibus puniendos*. Ce décret est du second Concile œcuménique de Lyon. Il a été renouvelé trois siècles plus tard presque dans les mêmes termes, par le pape Grégoire XIII et le Concile œcuménique de Florence. Fixons-en le vrai sens.

Le vrai sens du mot enfer.

Et d'abord, que faut-il entendre par le mot *enfer ?* Les mots, *infernus, inferi*, qui reviennent fréquemment dans l'Ecriture Sainte, ont pour racine la proposition *infra*, sous, dessous, dont le sens est opposé à celui de *supra* ou *super*, sur, au-dessus. Ils gardent toujours un sens général, qui indique une position locale inférieure à celle qu'expriment les mots *cœlum, aer, facies terræ*, et s'emploient pour désigner, tantôt simplement une fosse, un sépulcre, tantôt le séjour des démons et des damnés, et tantôt un lieu qu'on suppose mitoyen, désigné quelquefois par les expressions de limbes, de prison, de sein d'Abraham. Le vrai sens théologique du passage conciliaire que nous avons cité, est dans celui-ci : Les âmes qui meurent en état de péché mortel, ou avec le péché originel, vont aussitôt après la mort dans un des séjours étrangers au ciel surnaturel du Christ, appelés du nom commun d'enfer, quel que soit d'ailleurs le nom particulier qu'on donne à celui qui est le propre de ces âmes ; savoir, les premières, en enfer, séjour des réprouvés et les secondes dans les limbes, pour y être punies chacune, selon qu'elle l'aura mérité.

Les limbes.

Le nom d'*enfer*, désignant simplement les *limbes*, apparaît déjà dans le Symbole des Apôtres : « Jésus-Christ est mort, a été enseveli, est descendu aux enfers, le troisième jour est ressuscité. » Les enfers dont il est ici question, disent tous les théologiens, n'est pas le lieu de supplices, où souffrent éternellement les damnés, mais un autre lieu vulgairement appelé *limbes*. Saint Pierre et saint Paul, désignaient sous le nom de prison, de lieu de captivité, le séjour, où les âmes des justes de l'Ancien Testament, attendaient leur délivrance et leur entrée au ciel. Saint Thomas, désigne quelquefois les limbes par le mot d'*enfer des justes* (1).

Enfin, la Bulle *Auctorem fidei*, publiée par Pie VI contre le Synode de Pistole, déclare que lorsqu'il s'agit des enfants l'expression *descendere in infernum*, désigne un lieu différent du ciel séjour des anges et des élus, mais aussi différent de l'enfer, séjour des démons et des damnés.

(1) Q. 52, n. 2.

L'enfer suppose un péché actuel.

Autre preuve qu'aucun enfant, mort sans baptême n'ira dans l'enfer des réprouvés. Il est de foi, que toute âme au moment de la mort, paraît devant Dieu pour y être jugée. Si elle se présente en état de péché mortel, elle est condamnée aux peines de l'enfer. Or, un péché mortel, suppose un manquement à la loi divine en matière grave, commis avec advertance parfaite et un plein consentement, conditions, dont aucune ne se trouve dans les actes quelconques d'un enfant, mort avant l'âge de raison; donc, pas d'enfer pour lui.

Le péché originel est un état.

Mais dira-t-on, cet enfant est coupable du péché originel. Encore une expression à éclaircir. Le péché d'origine, peut être considéré dans le premier homme et dans ses descendants. Dans le premier, il est un acte, une prévarication, une révolte; dans le second, il est simplement un état, une privation, un malheur; or, un état qu'on ne s'est pas donné, un malheur dont on n'est pas la cause, ne peuvent imposer du châtiment à la pauvre victime. C'est bien assez pour elle de subir les privations qui résultent nécessairement de la conduite de ses auteurs, et c'est le résultat que désignent les Pères et les Docteurs de l'Eglise, lorsqu'ils parlent de « mort de l'âme, d'expiation, d'enfants de colère, de culpabilité de tous dans un seul. » Il ne faut pas prendre ces expressions à la lettre. Elles ne désignent que cet état de détérioration où le péché fit tomber notre premier père Adam et qui est devenu l'état naturel de ses descendants, tant que l'application des fruits de la Rédemption ne leur est pas faite par le baptême, ou par un moyen de régénération équivalent. Existe-t-il des moyens qui peuvent suppléer le baptême et rétablir ainsi l'homme dans les droits que le péché originel lui a fait perdre ? Il y en a plusieurs.

Le martyre.

Le premier est le martyre. Ce baptême de sang a toujours été regardé comme équivalent au sacrement de baptême proprement dit. L'Eglise, chaque année, rappelle cette vérité en célébrant la fête des Saints Innocents qui confessèrent leur foi, dit la liturgie sacrée, non en parlant, mais en mourant. On peut ranger dans la même catégorie, les enfants morts dans le sein d'une mère, immolée en haine de la Foi. Un enfant qui n'est pas né, ne fait qu'un avec sa mère ; qui tue la mère, tue l'enfant ; le martyre de l'un doit sanctifier l'autre.

La foi des parents.

Il est une autre catégorie d'enfants plus nombreux qui n'auront qu'à se féliciter de leur mort prématurée puisqu'ils verront s'ouvrir devant eux les portes du ciel. La foi des parents sanctifiait les enfants, avant la venue du Messie. Or, la loi qui impose le baptême comme moyen de salut est une loi positive qui n'oblige jamais qu'après une suffisante promulgation. Il en résulte que la même foi produit les mêmes effets dans toutes les contrées où l'Evangile n'a pas été annoncé.

Pouvons-nous encore, sans blesser la foi catholique, supposer d'autres moyens de régénération spirituelle acceptés par la miséricorde infinie de Dieu, comme suffisant pour remplacer le baptême dans les cas où sa collation est devenue impossible ? Oui, plusieurs théologiens, tant anciens que modernes, ont émis à ce sujet diverses opinions, qui toutes, élargissent encore plus ou moins la voie du salut, et comme elles n'ont été l'objet, jusqu'ici d'aucune décision conciliaire ou pontificale, il est permis à chacun, d'y adhérer dans la mesure qu'elles lui apparaissent vraies. Nous les diviserons en trois classes à l'exemple du P. Perrone, mais en commençant par les plus acceptables.

Autres sentiments.

La première est celle d'Eusèbe Amort, chanoine régulier de Pollingen qui prétend que les prières ferventes des parents peuvent obtenir de Dieu, sinon toujours au moins quelquefois, la justification d'un enfant encore dans le sein de sa mère. Saint Bonaventure, Gerson, Bilel, Echium, Durand et d'autres avec eux, trouvent cette opinion assez vraisemblable. *Non esse a verissimili remotam opinionem.*

Nous devons la seconde au docteur en théologie Louis Bianchi. Il prétend qu'une mère a un remède de salut pour son enfant, menacé de mourir sans pouvoir recevoir le sacrement de baptême ; c'est de l'offrir et de le consacrer ostensiblement à Dieu.

La troisième, la plus hardie, est du cardinal Cajetan. Il soutient que les enfants des fidèles, qu'il a été impossible de baptiser, peuvent être élevés dans l'autre vie, jusqu'au surnaturel par la foi et les prières de leurs parents et cela non point en vertu d'un privilège particulier, mais en vertu des lois ordinaires de la Rédemption.

Citons encore la supposition que fait un théologien français, M. de la Marne, en disant que « les enfants renfermés dans le sein maternel peuvent connaître Dieu, l'aimer et avoir le baptême de désir. »

Nous avons dit que ces diverses opinions étaient toutes indemnes de censures. Il en est une toutefois que l'on peut regarder comme condamnée, celle du cardinal Cajetan. Elle fut désapprouvée par la Congrégation des Théologiens du Concile de Trente et le pape saint Pie V la fit retrancher de l'édition des œuvres des Cardinaux, qui fut publiée à Rome en 1564. Elle est trop étendue, en effet, puisqu'elle suppose que le moyen de salut qu'elle indique est toujours efficace. Il faut donc la réduire aux mêmes proportions des autres, qui supposent dans certains cas, une délivrance possible, sans assurer qu'elle a toujours lieu.

Il nous reste à faire connaître le sort des enfants qui ne vont ni dans l'enfer des réprouvés, ni dans le ciel surnaturel du Christ, mais dans ce lieu mitoyen, désigné, dit le Souverain Pontife, par les fidèles, sous le nom de limbes. Nous avons vu que ces enfants étaient exempts de la peine du feu. Sont-ils exempts pareillement de toute peine sensible ? Saint Thomas répond affirmativement, et il ajoute que sa manière de penser est communément admise. « Les Maîtres, ajoute saint Bonaventure, approuvent cette croyance. C'est la seule qui soit fondée sur l'analogie des dogmes et l'harmonie des doctrines. » Le pape Innocent III l'a confirmée. Suarez dit que les créatures dont il s'agit, ne souffriront pas de peines sensibles, et que c'est l'enseignement de tous les théologiens.

Bonheur naturel.

Voilà donc les enfants morts sans baptême, délivrés de toute peine sensible, faut-il les supposer également privés de tout plaisir ? Un savant commentateur de saint Thomas, le docteur Bail (1), fait à cette question une longue réponse. En voici les principaux passages : « L'opinion la plus commune des théologiens est que ces âmes, ne souffrent aucune peine ou fascherie de leur estat, mais s'entretiennent ensemble à la façon que les esprits se parlent des choses de la nature, et quoyque ces âmes voient qu'elles sont privées du royaume du ciel, à cause du péché originel, elles ne s'en attristent pas, d'autant que ce n'est pas une faute qui leur a été volontaire, mais seulement aux premiers parents de la nature humaine. C'est pourquoy, comme un homme qui n'est pas du sang royal, ne s'attriste pas de ce qu'il n'est pas roy, ainsi les enfants morts nais, ou décédés avec le seul péché originel, sachant qu'ils n'étaient pas héritiers de ce royaume ne s'en affligent pas. Dieu enrichira ces enfants de plusieurs qualités naturelles, parce qu'il est convenable en sa divine bonté qu'en la commune rénovation de tout le monde, il assortira, d'une excellente manière des biens de la nature, son image, qui rien n'a commis contre lui de sa propre volonté. Ils ont aussi été créés pour connaître, aimer et louer Dieu, il est à estimer que Dieu qui assortit tous les êtres des vertus propres pour atteindre leur fin, ne manquera pas d'illuminer leur entendement d'une excellente cognaissance, par laquelle ils connaîtront Dieu, par les choses créées, et ensuite, l'aimeront et le loueront pour sa grandeur et pour tant d'œuvres admirables de sa toute-puissance. — Par ce moyen tous les hommes après la résurrection estant divisés en trois bandes, les petits enfants tiendront le milieu, ils ne seront ny

(1) *Théologie affective*, III⁰ partie, Tr. 4.

au nombre des boucs, ny au nombre des brebis; ils ne seront, ny de la droite, ny de la gauche, mais seront une bande à part, qui servira à la plus grande gloire de Dieu, quoyque ce soit d'un ton plus bas. »

Ainsi s'accomplit ce que dit le prophète : « Le ciel du ciel au Seigneur, mais il a donné la terre aux enfants des hommes. »

Paradis terrestre.

Le cardinal Sfondrat est allé plus loin. Non seulement il exempte ces enfants de tout déplaisir, mais il imagine pour eux des jouissances et des délices de toutes sortes. Cette opinion est excessive sans doute, mais elle confirme à sa manière, la croyance commune du théologien qu'on peut résumer ainsi : « Ces âmes sont heureuses dans la connaissance et l'amour de Dieu, leur auteur, et dans les biens naturels qu'elles recevront de son infinie bonté. »

Terminons par ce passage tiré des œuvres de saint Liguori : « Encore que ces enfants, dit le saint docteur, soient séparés de Dieu, quant à l'union de la gloire, ils lui seront unis par la participation des biens naturels; et ainsi, ils pourront se réjouir en lui, par une connaissance et un amour naturels. »

Nous pouvons donc terminer par les paroles que nous avons prononcées en commençant cette discussion sur le sort des enfants morts sans baptême :

« Aucun n'est damné, beaucoup sont sauvés, tous seront heureux. »

Et voilà encore des objections sans fondement, qui s'évaporent au seul exposé de la véritable doctrine de l'Eglise. On est presque humilié de les avoir si longtemps crues insolubles.

Jusqu'ici dans toutes les questions qu'on peut poser sur la quantité relative du bien et du mal sur la terre, nous avons trouvé, que grâce à l'infinie bonté de Dieu, *la somme du bien l'emportait toujours sur celle du mal.*

VII.

Conclusion générale : Les élus seront les plus nombreux. — La voie étroite. — Le monde angélique. — Résultat de l'Incarnation. — Ecriture Sainte favorable. — Triomphe final. — Preuves scientifiques.

Il nous reste une dernière question à résoudre. Le monde créé doit finir, et à la fin des temps aura lieu le jugement général où chaque créature raisonnable doit recevoir selon ses mérites. Quelle classe sera la plus nombreuse, celle des élus ou celle des réprouvés ?

Plusieurs orateurs chrétiens ont soutenu que le nombre des élus comparé à celui des damnés serait le plus petit. Tout le monde connait le fameux sermon où Massillon s'efforce de le prouver, tout en avouant cependant, il était trop bon théologien pour ne pas le faire, que « son opinion n'était pas de foi. »

Opinion du P. Lacordaire.

Un siècle plus tard, un autre célèbre prédicateur fit une conférence sur le même sujet. Il examina d'abord sous toutes ses faces le fameux texte « Beaucoup sont appelés, mais peu sont élus » et les diverses paraboles qui s'y rapportent, discute ensuite ce passage du Sermon sur la montagne : « Entrez par la porte étroite parce que celle qui est large mène à la perdition » et continue ensuite en ces termes:

« Ces paroles seraient décisives, si elles s'appliquaient à tous les temps et à tous les lieux mais il n'est pas manifeste qu'il en soit ainsi, » et le P. Lacordaire ajoute, qu'il faut distinguer deux époques diversement caractérisées par les paroles de Jésus-Christ ; l'époque de son ministère où peu d'auditeurs comprenaient ses discours, et l'époque de sa mort qui devait attirer tout à lui. L'illustre conférencier de Notre-Dame, rappelle ensuite que le divin Maître, interrogé par ses disciples, refusa de trancher la question, que par conséquent, l'opinion qu'il soutient est libre, et procédant ensuite hardiment à un inventaire de l'humanité, il la divise en quatre grandes classes. La première est celle des enfants, dont il meurt la moitié avant l'âge de quatorze ans. Ils sont bien rares ceux qui avant cet âge, sont capables de cette malice énorme que suppose le péché mortel. Les voilà sauvés. A la grâce de l'enfance si favorable au salut des hommes, il faut ajouter la grâce du sexe. Dieu a imposé à la femme une constante sujétion, mais l'a dédommagée par le don de la foi et le don de la charité. Le monde corrompt tout, même la femme, mais elle échappe au monde par deux portes, que Dieu lui a dès longtemps ouvertes, la virginité et la maternité. La troisième classe se compose des pauvres. Le pauvre est celui qui gagne sa vie de chaque jour par le travail des mains et rencontre dans le labeur et la dépendance, un auxiliaire perpétuel des vertus qui font le chrétien. Comme l'enfant et la femme, le pauvre est naturellement soumis, sentant le besoin de Dieu et n'ayant aucun intérêt à le maudire ou à le mépriser. Nul autre ne porte plus assidûment, sur ses épaules, la croix du Sauveur ; nul n'accomplit mieux dans sa chair la mortification de l'Evangile, et pour peu qu'il consente pieusement à son sacrifice, il est le vrai pénitent du monde, l'holocauste qui fume devant Dieu et lui rappelle nécessairement la voie douloureuse que suivit ici-bas son Fils unique et bien-aimé. Enfants, femmes, pauvres, voilà les portions les plus nombreuses de l'humanité auxquelles la Providence a destiné des grâces particulières de salut; mais il ne faut pas conclure qu'il n'y a qu'eux de sauvés. Dieu n'a pas abandonné au mal, la richesse, la science et le pouvoir. Le Sauveur dit bien un jour combien difficilement les riches entreront dans le royaume du ciel, mais il ajoute immédiatement : « Ce qui est impossible aux hommes, ne l'est pas à Dieu. » Et, dans le fait, tous les siècles ont fourni au catalogue des Saints de nombreux personnages, qui n'avaient trouvé dans les richesses que le moyen d'être plus charitables, dans la science que des motifs de croire plus fermement, et dans le pouvoir le moyen de travailler plus efficacement à faire régner l'ordre et la justice sur les peuples confiés à leur autorité (1). »

Lacordaire après avoir dit que le Christ a tout réparé, tout béni, tout vaincu, ajoute : « et ses mains généreuses tiennent l'Univers embrassé »; qui s'en échappe, périt par sa faute, et après ce que nous venons de dire, il est au moins douteux que le plus grand nombre appartienne à ce triste sort. »

Nous trouvons cette conclusion trop faible, et puisqu'on renouvelle de nos jours, les attaques que cette question a suscitées contre la foi catholique, nous croyons que le devoir de l'apologiste est de la montrer telle qu'elle est. L'Église pour sa défense, ne désire et n'a besoin que de la vérité. On l'a vu,

(1) Matth. VII, 13.

il n'existe aucune décision conciliaire ou pontificale sur le nombre des élus, on peut donc embrasser sur ce point l'opinion qui paraîtra avoir en sa faveur les preuves relativement les plus fortes. Voici la nôtre. Nous soutenons qu'à la fin du monde, après le jugement dernier, le séjour des élus sera immensément plus peuplé que le séjour des damnés.

Généralisons la question en l'appliquant à tous les êtres raisonnables et à tous les temps.

Monde angélique.

Nous connaissons deux sortes de créatures raisonnables : Les anges et les hommes. « Dieu, dit le quatrième Concile œcuménique de Latran, au commencement des temps, a formé également du néant, l'une et l'autre créature, la spirituelle et la corporelle. La créature angélique et la créature mondaine. » Les anges ont été créés les premiers et en nombre incalculable. « Comptez si vous le pouvez, dit Bossuet, ou le sable de la mer, ou les étoiles du ciel, tant celles qu'on voit que celles qu'on ne voit pas, et croyez que vous n'avez pas atteint le nombre des anges. » Il ne coûte rien à Dieu de multiplier les choses les plus excellentes, et ce qu'il y a de plus beau, c'est pour ainsi dire ce qu'il prodigue le plus. » Dieu a créé tous les anges, bons par nature, mais ceux que nous appelons *diables* ou *démons*, sont par eux-mêmes, devenus méchants. Combien a duré le temps où leur liberté fut mise à l'épreuve ? Nous n'en savons rien, toujours est-il que ce temps écoulé, ceux qui demeurèrent fidèles furent confirmés en grâce et mis en possession de la gloire éternelle, et que les révoltés furent chassés du ciel et condamnés aux peines de l'enfer. Quant au nombre de ceux qui restèrent fidèles, si nous ne pouvons le déterminer avec précision, nous pouvons du moins assurer qu'il dépasse de beaucoup celui de ceux qui prévariquèrent. L'Écriture en effet, en parlant de ces esprits bienheureux, nomme les Chérubins, les Séraphins, les Trônes, les Dominations, les Principautés, les Puissances, les Vertus, les Archanges et les Anges; population que les Pères de l'Église divisent en trois grandes hiérarchies dont chacune forme trois ordres, ou chœurs différents tous, sans doute, d'éclat et de mérite, mais tous, jouissant de la vue et de l'amour de Dieu; qu'ils contemplent sans voile, même quand ils exécutent ses ordres en un lieu quelconque de l'Univers.

D'autres passages de l'Écriture Sainte et de la Tradition, nous permettent d'apprécier le nombre relatif des bons et des mauvais anges.

Bons anges plus nombreux.

Le substantif ange reparaît 350 fois dans l'Ancien ou le Nouveau Testament; or, sur ce nombre, 303 fois, ils désignent les bons anges, et quatorze fois seulement les anges révoltés. S'agit-il des premiers, on voit que Dieu leur a confié des fonctions, dont la nature, le nombre, la diversité et l'importance, supposent un personnel innombrable et quand il s'agit des mauvais anges, il n'est guère question d'eux que pour les représenter comme des tentateurs, s'efforçant de pousser au mal les hommes, pour en faire des compagnons de leur malheur.

Quand le texte sacré mentionne quelque fait où interviennent plusieurs démons, leur nombre est toujours peu élevé. Quand il s'agit au contraire, de mettre en action les bons anges, le texte les suppose ou les déclare en nombre immense. « Remettez votre épée dans le fourreau, dit Jésus à Pierre, au jardin des

Olives. Croyez-vous que sur une seule prière que je lui ferais, mon Père, aussitôt ne m'enverrait pas ici, à l'heure même, plus de douze légions d'anges (1). »
— J'entends les voix d'une multitude d'anges, dit saint Jean, ils étaient des millions (2). Un million le servait, dit le prophète Daniel, et des centaines de millions étaient debout devant lui (3). Expressions que les écrivains sacrés ont employées sans doute, non pas pour désigner un nombre exactement déterminé, mais bien pour nous faire entendre que ce nombre est incalculable. C'est le sentiment qu'exprime saint Denys, lorsqu'il dit que « les armées célestes sont si considérables qu'elles excèdent la supputation de tout cœur humain. » Saint Thomas, après avoir cité ces paroles de l'aréopagite, les justifie et ajoute : « Dieu se proposant la perfection de l'Univers, il est très raisonnable de croire qu'il a multiplié les êtres parfaits. »

Mais les hommes aussi ont été créés pour la perfection de l'Univers, et l'âme qui les anime est de la nature de l'ange, elle est spirituelle.

« Il n'est pas possible, dit un autre fils de saint Dominique, prêchant sur le même sujet, que les travaux, la vie de souffrance et la mort de Notre-Seigneur Jésus-Christ aboutissent à un résultat aussi mince, aussi mesquin que celui d'avoir dans son ciel solitaire ou à peu près, quelques-unes seulement de ces âmes pour le salut desquelles il a versé tant de sang. Eh ! quoi, indépendamment de toute autre considération, Notre-Seigneur Jésus-Christ serait mort sur la Croix et tout le fruit de son sang n'aboutirait

---

(1) Matth. xxvi, 42.
(2) Apocal. xiv, 1, v, 11.
(3) Dan. vii, 10.

qu'à cette conclusion, qu'à ce résultat, d'avoir seulement pour lui dans le ciel, quelques âmes prédestinées et la majorité, l'immense majorité, serait pour toute l'Eternité sous les lois, sous le joug impitoyable de Satan ! Est-il admissible, que pendant toute l'éternité, Satan puisse dire à Notre-Seigneur Jésus-Christ ; ah ! de quoi t'ont servi toutes tes peines, tous tes labeurs, tous tes travaux, tout ton sang répandu, et ta mort sur la Croix? Qu'y as-tu gagné? Tu as voulu des âmes. Eh bien ! j'en ai plus que toi. Est-ce admissible ? Non, je ne puis le croire. »

Le P. Maumus dit ailleurs : « Une chose qui me frappe est que Jésus ne s'est montré impitoyable que pour une seule classe d'hommes, pour les pharisiens, pour les orgueilleux, pour ceux qui, témoins de ses miracles, ne voulaient pas cependant les accepter et reconnaître l'autorité de sa mission. »

Rappelant ensuite le péché où l'on tombe le plus souvent et qu'à l'exemple de saint Paul, il ne veut pas nommer, il constate que pour celui-là, le Christ a été d'une bonté, il a été d'une mansuétude telle que, nous serions tentés quelquefois de l'accuser d'avoir été trop indulgent, et pour preuve de citer l'exemple de la Samaritaine, de Marie-Magdeleine et de la femme adultère. Voici sa conclusion : « Oui, ce sont les élus, qui seront le plus grand nombre ; ceux qui seront perdus à tout jamais, c'est là l'exception (1). »

Ecriture sainte favorable.

Ce qui est certain, c'est que les passages de l'Ecriture qui favorisent cette opinion, sont plus nombreux et plus directs que ceux qui semblent la contredire.

---

(1) Serm. sur le nombre des élus, N.-D. de Lorette, 1884.

Nous avons déjà vu, que la plupart de ceux-ci, que l'on croyait décisifs, ne se rapportent pas même à la question. D'autres ne s'appliquent qu'à des cas particuliers, à des époques limitées, ou ne mentionnent qu'une faveur spéciale qui ne prive personne d'une grâce générale. La veuve de Sarepta et Naaman furent seuls assistés miraculeusement dans leurs besoins, mais on peut mourir de faim ou être atteint de la lèpre sans être damné. La famille de Noé fut seule sauvée du déluge, mais saint Pierre nous dit que Jésus-Christ lui-même est allé consoler dans les limbes, ceux qui, voyant arriver dans le déluge le châtiment de Dieu, revinrent à lui, avant d'être noyés. Plusieurs interprètes ont évalué à un petit nombre les hommes qui se convertirent à cette époque. La généralité et la netteté des termes qu'emploie l'apôtre saint Pierre, n'autorisent pas cette restriction, et la plupart des Pères de l'Eglise l'excluent formellement. « D'après la Vulgate, dit saint Jérôme, à ce sujet, Dieu dit : Mon esprit ne demeurera point avec l'homme pour toujours, parce qu'il est charnel ; je ne le laisserai plus vivre que cent vingt ans. » Mais il faut lire, selon l'hébreu : « Mon esprit ne jugera pas ces hommes pour l'éternité, parce qu'ils sont de chair (1) c'est-à-dire je ne les réserverai pas à des châtiments éternels, mais je leur rendrai ce qu'ils méritent. » Ainsi, ce verset qui se lit pareillement dans le Samaritain, n'exprime point la sévérité de Dieu, comme dans nos versions, mais sa clémence, lorsque le pécheur est puni en ce monde pour ses crimes. Origène, Tertullien, saint Jean Chrysostome et saint Augustin, ont tiré de ces paroles la même conclusion que

(1) Gen. VI, 3. — 1. Petr. 11, 19-20.

saint Jérôme, Dieu ne punit les pécheurs en ce monde que pour leur faire miséricorde en l'autre.

« Ils ont présumé, ajoute Bergier, que comme le déluge n'arriva pas tout à coup et dans un seul instant, mais peu à peu, les pécheurs eurent le temps de demander pardon à Dieu, et que le Seigneur se servit de la crainte de la mort pour leur inspirer le repentir. »

Josué et Caleb entrèrent seuls dans la terre promise sur six cent mille hommes qui étaient sortis de l'Egypte. C'est vrai, mais il ne faut pas conclure que tous ceux qui furent ainsi condamnés à mourir dans le désert, y compris Moïse, à cause de leur désobéissance, plus ou moins grave envers Dieu, furent condamnés en outre à la damnation éternelle, puisque le prophète dit formellement que Dieu pardonna à son peuple dans le désert. Les mœurs oratoires permettent quelquefois d'employer des arguments dont il ne faut pas outrer la valeur dogmatique.

Sens des paraboles.

Nous terminerons en rappelant des paraboles qui, toutes applicables au royaume de Dieu, nous indiquent clairement que le chemin qui y conduit est réellement accessible à tout le monde, et qu'en dernier résultat, un des caractères de ce royaume est d'être beaucoup plus peuplé que celui de Satan.

Le Père de famille qui n'a pas voulu laisser sarcler son champ de blé, de peur qu'en arrachant les mauvaises herbes, on n'arrache aussi les bonnes, fait le triage quand la moisson est venue et met au grenier sa récolte, diminuée à peine de quelques gerbes, par les plantes d'ivraie que l'on jette au feu.

Lorsque le propriétaire ensemence son champ, une partie des grains qu'il jette à la volée, tombe sur le grand chemin ou sur la pierre, ou au pied d'une épine, mais la plus grande partie trouve la bonne terre, où il germe, croît et produit trente, soixante, et quelquefois, cent pour un.

Les filets du pêcheur sont pleins de poissons, on aborde au rivage pour séparer les bons des mauvais, ceux-ci comparés aux autres, sont toujours en infime quantité.

Dans la parabole du festin, les convives étaient nombreux, un seul est exclu, pour s'être présenté sans la robe nuptiale.

Enfin, au jour du jugement universel, les brebis qui représentent les élus, seront à droite, et les boucs, qui désignent les damnés, seront à gauche, or, dans tous les troupeaux, le nombre des brebis surpasse de beaucoup celui des boucs.

Saint Hilaire, saint Ambroise, saint Grégoire de Nysse, saint Cyrille de Jérusalem, en parlant du nombre des élus, rappellent la parabole du berger, qui, désolé d'avoir perdu une brebis, la cherche et quand il l'a trouvée, l'apporte sur ses épaules au bercail; et les quatre grands docteurs de l'Eglise en font l'application aux anges et aux hommes, dont le nombre des perdus pour le ciel est représenté par la brebis égarée, tandis que les quatre-vingt-dix-neuf restées fidèles représentent les élus. C'est encore une confirmation de plus de notre conclusion. Le ciel aura immensément plus d'habitants que l'enfer.

Triomphe final.

Il faut bien qu'il en soit ainsi, n'est-il pas écrit que les paroles des prophètes, insérées dans l'Ecriture Sainte, doivent se vérifier exactement? Or, il en est qui prédisent clairement le triomphe du Messie. Ecoutons les oracles sacrés : « Tous les rois de la terre l'adoreront, toutes les nations le serviront, toutes les tribus du monde seront bénies ; en lui, tous les peuples le glorifieront, la terre entière sera remplie de sa majesté.

« L'ancien des jours doit donner au fils de l'homme, la puissance, l'honneur, la royauté, et tous les peuples, toutes les tribus et toutes les langues le loueront.

« Le Seigneur sera roi sur toute la terre. En ce jour-là, il n'y aura qu'un seul Seigneur et son empire s'étendra sur toute la terre. »

Membres de l'Eglise catholique, soyons fiers de faire partie de cette armée qui peut essuyer quelques défaites, mais qui certainement finira par être victorieuse sur toute la ligne.

Le P. Monsabré.

Le passage suivant tiré d'une conférence du Révérend Père Monsabré, nous servira de conclusion : « Le règne actuel du Christ, dans l'histoire humaine, n'est pas et ne peut pas être le dernier mot de sa puissance, ni des transformations qu'il doit faire subir aux temps nouveaux. Nous attendons encore l'accomplissement des prophéties, qui promettent au Christ, un règne universel, pacifique et incontesté. Il doit dominer de l'orient au couchant et jusqu'aux confins de la terre. — Il doit se faire connaître à ceux qui n'ont jamais entendu parler de lui. — Il doit voir entrer toutes les nations dans son héritage. — Il doit recevoir les adorations de tous les rois et enrôler tous les peuples à son service.

« Lorsque ces oracles des saints Livres seront

accomplis, il n'y aura plus, selon la parole du Christ, qu'un bercail et qu'un pasteur. Et pour peu que cela dure quelques milliers d'années, il me semble que Dieu aura le temps de compenser par une surabondante moisson d'élus, les ravages du péché et les conquêtes de l'enfer (1). »

Nous croyons avec le docteur Didiot, doyen de la Faculté de théologie de Lille, au triomphe universel et prochain du Christ et de la vérité, avec le P. Castet, le savant Jésuite, qu'il viendra pour la Sainte Eglise des jours de triomphe, dont rien n'approche dans l'histoire, et qu'il y aura avant la fin du monde, une longue période, où l'humanité entière, revenant à son Dieu, s'attacherait à son service et présenterait un spectacle inouï de fidélité et de bonheur. Avec le P. Corlay, qu'on peut admettre une ère de triomphe pour l'Eglise, un règne spirituel, moralement universel de Jésus-Christ. Avec Mgr d'Hulst, que l'idée chrétienne finira par dominer dans le monde entier.

La population générale du globe d'après les calculs de nos géographes contemporains comparés à ceux de nos missionnaires, est évaluée à 1 milliard 418 millions d'habitants qui, considérés sous le rapport religieux, doivent se ranger dans l'ordre suivant :

Catholiques : unique Profession de Foi.	230,000,000
Grecs schismatiques, de diverses Sectes.	101,500,000
Protestants, de diverses Sectes.	114,000,000
Bouddhistes, de diverses Sectes, dont les principales sont : les Hymajanistes, les Mahajanistes et les Kolatchortristes.	448,000,000
à reporter	893,500,000

(1) Confér. sur l'*amen* de l'histoire. Confér. sur le nombre des Elus.

		Report	893,500,000
Brahmanistes.	. . . .		188,000,000
Païens, diverses Sectes.	. . . . .		120,000,000
Mahométans, diverses Sectes.	. . .		210,000,000
Juifs.	. . . .		6,500,000
		Total	1,418,000,000

Si on distribue le nombre des habitants dans les diverses parties du monde qu'ils habitent on a le tableau suivant :

	Chrétiens	Mahométans	Païens	Bouddhistes	Brahmanistes
EUROPE	316 108 250	7 454 650	263 060	107 500	
ASIE	12 593 450	95 684 350	1 808 780	447 824 580	187 947 450
AFRIQUE	8 814 400	83 245 000	76 464 800	«	«
AMÉRIQUE	101 549 400	«	408 800	«	«
AUSTRALIE	3 285 300	«	1 237 500	23 700	«
TOTAUX	442 350 800	186 384 000	80 182 940	447 955 780	187 947 450

Le P. O. Werner, l'auteur de l'*Orbis terrarum Catholicus*, et divers autres écrivains ont recherché dans quelle progression approximative le nombre de chrétiens avait augmenté depuis l'an 33 de l'ère chrétienne jusqu'à nos jours ; voici le résultat qu'ils ont obtenu.

Siècles	Nombre des Chrétiens	Population du Globe	Proportion des convers. au Christian.	
I	500 000	500 000 000	1 sur 1000	$\frac{1}{1000}$
II	2 000 000	520 000 000	1 sur 260	$\frac{1}{260}$
III	5 000 000	540 000 000	1 sur 108	$\frac{1}{108}$
IV	10 000 000	«		
V	15 000 000	«		
VI	20 000 000	«		
VII	25 000 000	«		
VIII	30 000 000	«		
IX	40 000 000	«		
X	50 000 000	800 000 000	1 sur 16	$\frac{1}{16}$

XI	70 000 000	«		
XII	80 000 000	«		
XIII	85 000 000	«		
XIV	92 000 000	«		
XV	100 000 000	«		
XVI	125 000 000	1 150 000 000	1 sur 9	1/9
XVII	150 000 000	«		
XVIII	200 000 000	«		
XIX	400 000 000	1 410 000 000	1 sur 3,5 ou	10/35

Tirons maintenant, de ces données diverses, les conclusions légitimes qui en découlent.

A dater des temps apostoliques, il a donc fallu dix-huit siècles à l'humanité pour tripler sa population.

Dans le même espace de temps la chrétienté a centuplé deux fois la sienne.

Si l'Église et le genre humain marchent sur ce pied, dans quelques siècles tous les hommes devraient être chrétiens.

TABLE DES MATIÈRES.

LE MAL.

I.
Nature du mal. — Origine du mal. 3

II.
Le mal métaphysique. — Communication des attributs divins : Immortalité, raison, liberté. — Prix de l'homme . . . 5

III.
Origine du mal physique. — Trois classes d'êtres raisonnables : Les anges, l'homme innocent, l'homme déchu. — Le péché originel. — Sa transmission. — Sa réparation. — Les trois révélations. — Les nouvelles béatitudes. — La rémission des péchés. — Prédominance du bien : La raison, la santé, la longévité de l'humanité 9

IV.
Décalogue ; Degrés d'observance, pardon possible, secours promis. — Grâce actuelle : Qualités, origines, forme, nécessité. — Grâce donnée aux justes, aux pécheurs, aux Juifs, aux infidèles 22

V.
Hors de l'Eglise pas de salut : Le corps et l'âme de l'Eglise. — La bonne foi. — Efficacité du baptême. — Justes hors de l'Eglise. — L'hérésie matérielle. — Trois sortes de baptême. — Ignorance invincible. — Foi et loi naturelle. — Secours extraordinaires 30

VI.
Sort des enfants morts sans baptême. — Les limbes. — Le martyre. — La foi et la prière des parents. — Bonheur naturel. — Paradis terrestre. 41

VII.
Conclusion générale : Les élus seront les plus nombreux. — La voie étroite. — Le monde angélique. — Résultat de l'Incarnation. — Ecriture Sainte favorable. — Triomphe final. — Preuves scientifiques 50

www.ingramcontent.com/pod-product-compliance
Lightning Source LLC
LaVergne TN
LVHW022115080426
835511LV00007B/831